WYHODUJ I ZJEDZ

Warzywa, owoce i zioła na balkonie

Barbara Chronowska-Cholewa

WYHODUJ I ZJEDZ

Warzywa, owoce i zioła na balkonie

Wydawnictwo Znak
Kraków 2018

Projekt okładki
Grzegorz Araszewski

Zdjęcie autorki na 4. stronie okładki
Monika Nowakowska

Opracowanie graficzne i łamanie
Karina Graj

Opieka redakcyjna
Marta Anna Zabłocka

Adiustacja
Aleksandra Kamińska

Korekta
Barbara Gąsiorowska
Barbara Wójcik

ISBN 978-83-240-5357-5

znak

Książki z dobrej strony: www.znak.com.pl
Więcej o naszych autorach i książkach: www.wydawnictwoznak.pl
Społeczny Instytut Wydawniczy Znak, 30-105 Kraków, ul. Kościuszki 37
Dział sprzedaży: tel. (12) 61 99 569, e-mail: czytelnicy@znak.com.pl
Wydanie I, Kraków 2018. Printed in EU

Spis treści

Zieleń w blokowiskach

Mam to szczęście, że choć wychowałam się w dużym mieście (większość swojego życia spędziłam w Gdańsku), zawsze przebywałam blisko natury. Moi rodzice zajmują mieszkanie na parterze i udało im się zagospodarować przestrzeń z obu stron bloku na przydomowe ogródki. Zależało im, by stworzyć miejsce do zabawy dla mnie i jednocześnie odgrodzić się od osiedla kawałkiem własnej zieleni. Roślinami zajmował się głównie mój tata, mimo że większość roku spędzał na statku. Całe życie zawodowe był związany z morzem: pracował jako rybak, był zatrudniony w stoczni i w porcie, pływał na statkach... W wolnych chwilach jednak wybierał stały ląd i działał w ogródku. Sadził, podlewał, nawoził, przesadzał – dbał o wszystkie rośliny. Jako mała dziewczynka przyglądałam się temu i pomagałam mu w miarę swoich dziecięcych możliwości. W ogródku taty, oprócz wielu roślin ozdobnych – głównie róż – można było znaleźć również jadalne. Mieliśmy kilka krzewów porzeczek (o owocach czarnych, czerwonych i białych), agrest, truskawki, poziomki, wiśnie, maliny, jeżyny. Dużą część sadzonek, w tym przepiękny krzak czerwonej porzeczki oraz cudne, intensywnie pachnące różowe róże, które rosną do dziś, rodzice otrzymali od mojego dziadka. Ten chętnie dzielił się tym, co wyhodował w swoim ogródku działkowym – to on zaraził ogrodniczą pasją mojego tatę.

Dzielenie się sadzonkami od zawsze było wśród ogrodników czymś zupełnie naturalnym. Podczas wspomnieniowej rozmowy z rodzicami dowiedziałam się na przykład, że swoje czarne porzeczki przywieźli z wakacji. Podczas urlopu w górach zajadali się przepysznymi owocami z ogrodu przy kwaterze. Zachwyceni czarną porzeczką dopytywali o odmianę, a zamiast suchej informacji dostali od gospodarza sadzonki. Wracali do Gdańska, wioząc kilka pędów, które na szczęście przetrwały podróż i po ukorzenieniu się zostały wysadzone do ogródka. Przez kolejnych kilkanaście lat dawały owoce, które pamiętam z dzieciństwa. Ponadto zawsze na wiosnę wysiewałyśmy z mamą rzodkiewkę, sadziłyśmy cebulę lub czosnek na szczypiorek i korzystałyśmy z mięty, która – jak to mięta – rosła jak chwast. Dzięki tym wszystkim zabiegom, choć przecież mieszkaliśmy w mieście – i to w bloku, a nie w domu jednorodzinnym – regularnie chodziłam do ogródka po owoce, które dopiero co zebrane od razu zjadaliśmy, wykorzystywaliśmy jako dodatek do ciast albo robiliśmy z nich kompoty, dżemy i inne przetwory. Świeżą miętę dodawaliśmy do herbaty, a suszona trafiała do popisowego dania mojej mamy: pierogów z serem. Niemal co dzień zrywałam rzodkiewkę i szczypiorek na kanapki. Dużo przebywałam po prostu na trawniku, bawiąc się i czytając książki na kocu. Cel moich rodziców został osiągnięty: stworzyli zieloną przestrzeń, enklawę w centrum osiedla, gdzie mogłam bezpiecznie spędzać czas.

Tymczasem mijały lata, poszłam na studia, wyprowadziłam się z domu. Przez pewien czas mieszkałam w Wielkiej

Brytanii, potem na krótko wróciłam do Gdańska, wreszcie osiadłam na Śląsku. To właśnie wtedy po raz pierwszy miałam do dyspozycji swój własny balkon. Mieszkałam z mężem i tylko we dwójkę podejmowaliśmy decyzje, co się na nim znajdzie. Powróciły wspomnienia z dziecięcych lat i zapragnęłam spróbować własnych sił w uprawie roślin.

Na pierwszy ogień poszły zioła. Nie było ich dużo, ale nadal pamiętam swoją rozpacz, kiedy odkryłam, że cała sadzonka koperku zniknęła! Nie było śladu żadnych szkodników, więc sprawa wydawała się dość tajemnicza... dopóki nie podpatrzyłam, że na balkon przylatują wróble i to one bezczelnie częstują się moimi uprawami. Wertowałam więc książki i czasopisma, surfowałam po Internecie i zaglądałam na fora dyskusyjne w poszukiwaniu sposobów na odstraszenie ptaków. Metod było wiele, ale żadna z nich mnie nie przekonała. Zależało mi na tym, aby zarówno sadzonki, jak i wróble wyszły cało z tej potyczki. Ostatecznie postanowiłam opracować własne rozwiązanie. Zainspirowały mnie klasyczne strachy na wróble. Zebrałam kilka jednorazowych foliowych reklamówek i pocięłam je na cienkie, około półcentymetrowe paski. Potem sięgnęłam po kilkanaście patyczków bambusowych i do każdego przykleiłam po kilka pasków, tak by powstały małe szeleszczące miotełki. Powbijałam po dwa patyczki przy każdej sadzonce i z nadzieją obserwowałam reakcję wróbli przez okno. Udało się! Ptaki podlatywały na balkon, ale trzymały się z daleka od sadzonek. Byłam z siebie naprawdę dumna: wygrałam pierwszą walkę. Niby mała rzecz, a sprawiła mi tyle radości!

O ogrodnictwie nie wiedziałam wówczas nic. Czułam natomiast, że jest to zajęcie, któremu chcę poświęcić więcej czasu, coś, co sprawia mi radość, w czym widzę głębszy sens.

Wtedy właśnie postanowiłam założyć blog. Chciałam się uczyć i dzielić zdobytą wiedzą z czytelnikami. Nie spodziewałam się jednak, że znajdzie się aż tylu pasjonatów chcących – tak jak ja – uprawiać własne rośliny jadalne.

Może nasuwa się wam pytanie, po co to wszystko? Po co się męczyć, tracić czas i pieniądze, żeby wyhodować coś, co można kupić w pierwszym lepszym sklepie spożywczym? Dla mnie odpowiedź jest prosta: w pierwszej kolejności chodzi o chęć obcowania z naturą, w drugiej – o plony. Mój wrodzony pragmatyzm sprawia, że nie satysfakcjonują mnie tylko rośliny ozdobne. Użytkowość upraw dodaje mi motywacji do ich pielęgnowania. Poza tym w grę wchodzi nostalgia: mój balkonowy ogródek to smaki dzieciństwa. Nic nie zastąpi świeżych ziół dodanych do posiłku, pachnącego listka mięty dorzuconego do wody w ciepłe dni czy sałatki z kolorowych pomidorów w rozmaitych kształtach, jakich nie dostanę w żadnym sklepie. Czerpię wielką radość i satysfakcję z tego, że wszystkie te rzeczy mam na wyciągnięcie ręki, na własnym balkonie.

1 Dżungla nad ulicami, czyli mój balkon

Co roku na moim balkonie rośnie od kilku do kilkunastu gatunków ziół. Aktualna ich liczba zależy głównie od tego, ile roślin przetrwało zimę. W zeszłym roku tak się złożyło, że nie miałam możliwości wysiać nasion w marcu, do tego kilka sadzonek musiałam niestety wyrzucić, bo nie przezimowały. Popełniłam błąd i zbyt późno zabezpieczyłam je przed mrozami, przez co nie odbiły na wiosnę. Dlatego z początkiem sezonu byłam w posiadaniu jedynie kilku donic z ziołami. Nadrobiłam to w sierpniu, kiedy zaczęły się ogrodnicze wyprzedaże. Lubię wtedy dokupować zioła wieloletnie, które posłużą mi przez dłuższy czas. Mogę więc korzystać z kilku odmian oregano i tymianku, estragonu, cząbru, bazylii, paru gatunków mięty, macierzanki cytrynowej i lubczyku. Czasem znajdzie się u mnie jeszcze pietruszka, kolendra, koperek i szczypiorek.

Oprócz ziół hoduję też niektóre warzywa i owoce. Na początku sezonu miałam skrzynkę z sałatą i rzodkiewkami. Przez najcieplejsze miesiące pojemnik ten stał pusty i ponownie zapełnił się późnym latem. Wiosną sadzę też gęsto cebulki dymki na szczypiorek, który służy mi potem przez dwa, trzy miesiące. Z jednego z wiosennych spacerów po lesie przyniosłam w tym roku kilka sadzonek poziomki. Nie mają jeszcze owoców, ale pięknie się rozrosły i czuję, że zostaną ze mną na długo. Do tego wszystkiego pysznią się u mnie jeszcze truskawki, papryczki chili i pomidory. Tych ostatnich jest zawsze najwięcej – zazwyczaj mam ich około dziesięciu doniczek i staram się, by w każdej rosła inna odmiana. Lubię testować rozmaite gatunki, rzadko kiedy rok w rok znajdzie się u mnie to samo. Uprawiam głównie pomidory koktajlowe, ze względów pragmatycznych: z jednego krzaka mogę otrzymać kilkadziesiąt małych pomidorków, a przy odmianach wielkoowocowych na balkonie z reguły na krzaku dojrzeje zaledwie kilka owoców. Na drugim miejscu są u mnie papryczki chili, ale tutaj jestem bardziej konserwatywna i wolę sprawdzone przez siebie niezbyt ostre odmiany (na przykład cyklon czy pimento). Do tej pory każdej jesieni pozyskiwałam z nich nasiona i wysiewałam w kolejnych sezonach, jednak w tym roku przyszedł czas na zmiany: mnie nie udało się wysiać nasion, ale dostałam kilka podrośniętych sadzonek od znajomych. Chcąc nie chcąc, testuję więc nowe smaki ostrych papryk. Szczęśliwie w moim mieszkaniu mam do dyspozycji trzy spore balkony. Jedynym ich mankamentem jest to, że są dość wąskie i ciężko zagospodarować tę przestrzeń dla innych funkcji niż uprawa roślin. Mimo to co roku obiecuję sobie, że tym razem będzie mniej pomidorów, a zamiast tego znajdę miejsce na stolik i dwa krzesła… i co roku na obietnicach się kończy. Potrzeba posiadania kolejnych sadzonek wygrywa z chęcią siedzenia na balkonie. Zachody słońca podziwiam więc, stojąc przy barierce, w mojej pomidorowej dżungli. I nie tęsknię za tym stolikiem wcale!

Jak świadomie otaczać się zielenią w czasach przemian

Wiecie już, co motywowało mnie do uprawy roślin jadalnych. Tymczasem pobudek jest tyle, ilu jest miejskich ogrodników! Każdy ma własne powody do rozpoczęcia (i kontynuowania!) przygody z balkonowym ogrodnictwem. Co ciekawe, wśród tych głównych wiele osób podaje wspomnienia z dzieciństwa, choć wówczas tego rodzaju kontakt z naturą nie zawsze wydawał im się atrakcyjny. Dla niektórych wyjazdy do krewnych na wieś były istną karą za grzechy, a teraz z perspektywy czasu podchodzą do tego z sentymentem. Zaczynają rozumieć własnych rodziców i dziadków, którzy nierzadko ostatkiem sił do końca życia zajmowali się swoimi ogrodami.

W czasach ich młodości, 40–50 lat temu, motywacje do uprawy roślin jadalnych miały głównie charakter ekonomiczny. Mało kogo było stać na kupowanie w sklepach tego, na co się miało ochotę. Dlatego wiele osób – na przykład moi dziadkowie – wspomagało się plonami z własnego ogródka. Dzięki temu mogli sobie i dzieciom dostarczyć niemałych ilości witamin w postaci świeżych warzyw i owoców. Dzisiejsi młodzi ogrodnicy, których wypytuję o powody, dla których postanowili zająć się uprawą roślin użytkowych, najczęściej wymieniają dbałość o zdrowie i świadome odżywianie. Chcą wzbogacić swoją dietę o produkty wyhodowane własnoręcznie od ziarenka, uzyskując w ten sposób chociaż częściową niezależność i samowystarczalność. Pożądanym efektem ubocznym jest radość i satysfakcja płynąca z obserwowania, jak małe nasionko zamienia się w wielką, dającą plony roślinę. Z kolei młodzi rodzice w uprawie roślin jadalnych widzą ogromny potencjał edukacyjny dla swoich dzieci. Łatwo można zaobserwować, że maluchy dużo chętniej sięgają po owoce i warzywa prosto z krzaka, a chyba każdy rodzic zastanawia się, jak przemycić większe ilości witamin do codziennej diety swoich pociech.

Choć przyczyn jest całe mnóstwo, i często są one bardzo różne, jedna rzecz pozostaje niezmienna: wśród ogrodników panuje ogromna serdeczność. Spędzam dużo czasu w Internecie, przeglądając rozmaite fora, i chyba nigdzie nie spotkałam się z tyloma przykładami wsparcia i zwykłej radości – nie tylko z własnych sukcesów, ale również z osiągnięć innych osób. Większość ludzi coraz bardziej tęskni za bliższym kontaktem z naturą, a ogrodnictwo, nawet to balkonowe, może w bardzo prosty sposób pomóc w zaspokojeniu tego pragnienia. Można być ogrodnikiem także w mieście!

Na terenach wiejskich produkowanie własnego jedzenia zawsze było czymś naturalnym. Kiedy duża część społeczeństwa wyemigrowała do większych ośrodków, żywność w dalszym ciągu dostarczano spoza miasta. Czasem jednak okoliczności wymuszały zmianę tego modelu. Na przykład podczas pierwszej i drugiej wojny światowej w krajach takich jak USA, Kanada, Wielka Brytania czy Niemcy powstawały tak zwane ogrody zwycięstwa (ang. *victory gardens*) – mieszkańcy miast byli wówczas zachęcani przez władze do wykorzystywania każdej dostępnej powierzchni pod uprawy roślin jadalnych. Chodziło o zwiększenie samowystarczalności, by miasta nie polegały jedynie na imporcie żywności z terenów wiejskich. Ale to nie jedyna korzyść: uprawianie ziemi podnosiło morale, co pomogło mieszkańcom przetrwać tamten trudny czas.

Po zakończeniu wojny zdecydowana większość tych ogrodów zniknęła. W sklepach zaczęło się pojawiać coraz więcej produktów, ceny były coraz niższe, a bezpośredni wpływ na to miały nowe technologie, które umożliwiały masową produkcję żywności. Świat pomału wychodził z kryzysu gospodarczego, dzięki czemu mieszkańców miast było stać na coraz więcej. Produkcja własnego jedzenia nie była już ani konieczna, ani szczególnie opłacalna. W dobie dynamicznego rozwoju gospodarczego i technologicznego symbolem dobrobytu stały się produkty gotowe, takie jak ciasta w proszku, mleko modyfikowane, słodzone napoje czy żywność typu *fast food*. Obecnie – gdy dzięki internetowi dostęp do wiedzy jest niesłychanie prosty, a naukowcy badają niemal każdy aspekt naszej codzienności, to wszystko daje nam wreszcie odpowiednie zasoby, aby podejmować świadome decyzje – człowiek powraca do idei produkcji jedzenia na własne potrzeby.

1 | Tęsknota za bioróżnorodnością

Zaopatrując się w sadzonki pomidorów czy papryk do uprawiania w ogródku lub na balkonie, często jesteśmy zaskoczeni – lub wręcz przytłoczeni – liczbą odmian, z bogactwa których możemy wybierać. Nierzadko widzimy wówczas kształty i kolory, których kompletnie się nie spodziewaliśmy: kuszą nas gatunki żółte, fioletowe i zielone, ze skórką gładką lub w paski, okrągłe, z owocami w kształcie małych gruszek lub wielkimi, cięższymi niż pół kilograma. W sklepach takiej różnorodności nie znajdziemy i przez to nierzadko ostrożnie podchodzimy do owych nietypowych odmian jako konsumenci. W zeszłym roku mój ulubiony sprzedawca pomidorów na lokalnym targu wystawił na sprzedaż piękne żółte pomidory żeberkowe. Od razu wybrałam kilka sztuk, wzbudzając przy tym małą sensację w kolejce. „Pani, a smaczne te pomidory? Takie dziwne jakieś…" – dobiegł mnie zza pleców powątpiewający ton głosu starszej pani. Bardzo głośno zachwaliłam pomidory, napotykając wdzięczny wzrok sprzedawcy, i kilka osób odważyło się je kupić. Niemniej ta sytuacja dała mi do myślenia. Do tej pory byłam przekonana, że tylko młodzi ludzie mają nikłe pojęcie o mnogości odmian warzyw i owoców. Naiwnie wierzyłam, że starsze pokolenia, bogatsze o doświadczenia uprawy roślin jadalnych w przydomowych i działkowych ogródkach, takie odmiany znają i wręcz za nimi tęsknią! Tymczasem przypadek tamtej staruszki na targu pokazał mi, że niekoniecznie. Uderzyło mnie wtedy z całą mocą, jak wiele straciliśmy jako społeczeństwo przez pogoń za tańszą żywnością.

W latach 60. XX wieku ONZ wprowadziła programy rozwojowe dla rolnictwa w celu zwiększenia wydajności upraw, a tym samym zlikwidowania zjawiska głodu na świecie. Jednym z efektów tych działań było wyselekcjonowanie najefektywniejszych odmian roślin uprawnych, zwłaszcza pszenicy, ryżu i kukurydzy. Rewolucja miała pomóc rolnikom nie tylko poprzez dostarczenie odpornych na choroby odmian roślin, ale również poprzez udostępnienie technologii potrzebnej do prowadzenia upraw. Wdrożono systemy automatycznego nawadniania (najczęściej poprzez irygację) czy mechanizację upraw. W pakiecie otrzymaliśmy również chemiczne środki ochrony roślin oraz nawozy sztuczne, bez których masowe uprawy nie byłyby możliwe. Zielona rewolucja przyczyniła się do zwiększenia plonów i sprawiła, że więcej ludzi miało dostęp do tańszej żywności. Niestety działania ONZ nie rozwiązały problemu głodu na świecie – przyniosły za to kilka negatywnych skutków ubocznych.

Przed zieloną rewolucją na całym świecie stosowano płodozmian, co znaczy że w kolejnych sezonach sadzono na danym obszarze różne rośliny o odmiennych wymaganiach dotyczących składników odżywczych, aby nie wyjaławiać gleby. Niekiedy był też potrzebny czas, by ziemia odpoczęła i leżała odłogiem przez sezon lub dwa, żeby gleba mogła się zregenerować i odbudować utracone składniki. Przemiany we współczesnym rolnictwie umożliwiły uprawę wciąż tej samej rośliny na jednym terenie – wiązała się z tym jednak potrzeba używania silniejszych nawozów i środków ochrony roślin, gdyż ziemia nie miała już czasu na samoistną regenerację. Teoretycznie konsumenci uzyskali konkretną korzyść – ceny żywności uległy obniżeniu, a rozmaite produkty stały się łatwiej dostępne, również w biedniejszych krajach. Wyselekcjonowane odmiany owoców i warzyw lepiej znosiły transport i wyglądały zawsze tak samo – na półkach sklepowych zachowywały piękne, intensywne kolory, które przyciągały kupujących. A jednak w tym procesie utraciliśmy coś bardzo ważnego.

Kilka lat temu przeczytałam w „National Geographic" artykuł, który mną wstrząsnął i skłonił mnie do refleksji nad tym, jaką chcę być konsumentką i ogrodniczką. W grudniu 2011 roku Charles Siebert napisał:

W USA znikło już ok. 90 proc. istniejących kiedyś odmian warzyw i owoców. Z 7 tys. odmian jabłek uprawianych w XIX w. pozostało mniej niż sto. Na Filipinach znano tysiące odmian ryżu; obecnie uprawia się niecałe sto. W Chinach znikło 90 proc. odmian pszenicy sianych jeszcze sto lat temu. Zdaniem ekspertów w XX w. utraciliśmy ponad połowę istniejących wcześniej odmian roślin uprawnych.

Przerażają mnie te liczby. W zasadzie na własne życzenie utraciliśmy tysiące odmian roślin uprawnych, które przestały istnieć właściwie na naszych oczach. I nie jest to problem jedynie z konsumenckiego punktu widzenia.

Prawda jest taka, że poniekąd przyzwyczailiśmy się do tego, iż mamy do wyboru zaledwie kilka rodzajów pomidorów czy dyń, i nikt specjalnie z tego powodu nie narzeka. Chociaż nawet na półkach z żywnością w supermarketach można już zaobserwować pierwsze efekty nieśmiało zarysowującej się odwrotnej tendencji. Mamy do wyboru coraz większą liczbę zbóż, różne rodzaje mąki i coraz bardziej nietypowe produkty, takie jak na przykład grzyby mun, topinambur czy rozmaite egzotyczne owoce. Z roku na rok zwiększa się także liczba odmian pomidorów dostępnych na działach warzywnych. Największą różnorodność widać jednak na przykładzie jabłek: lobo, gloster, jonagold, gala, szampion, ligol... W każdym większym markecie mamy z czego wybierać. Na placach targowych z prawdziwego zdarzenia jest jeszcze lepiej – nietrudno o stare rodzime odmiany jabłek, które próbuje się zachować, a wśród których najbardziej znane i popularne są: papierówka, malinówka, złota reneta, landsberska, kosztela. Może doczekamy się również takiej różnorodności wśród innych warzyw czy owoców, choćby w przypadku truskawek, ogórków czy kukurydzy?

O ile jednak warto się cieszyć z coraz szerszej gamy dostępnych produktów, o tyle nie powinniśmy zapominać, że utrata

100 lat temu – liczba odmian

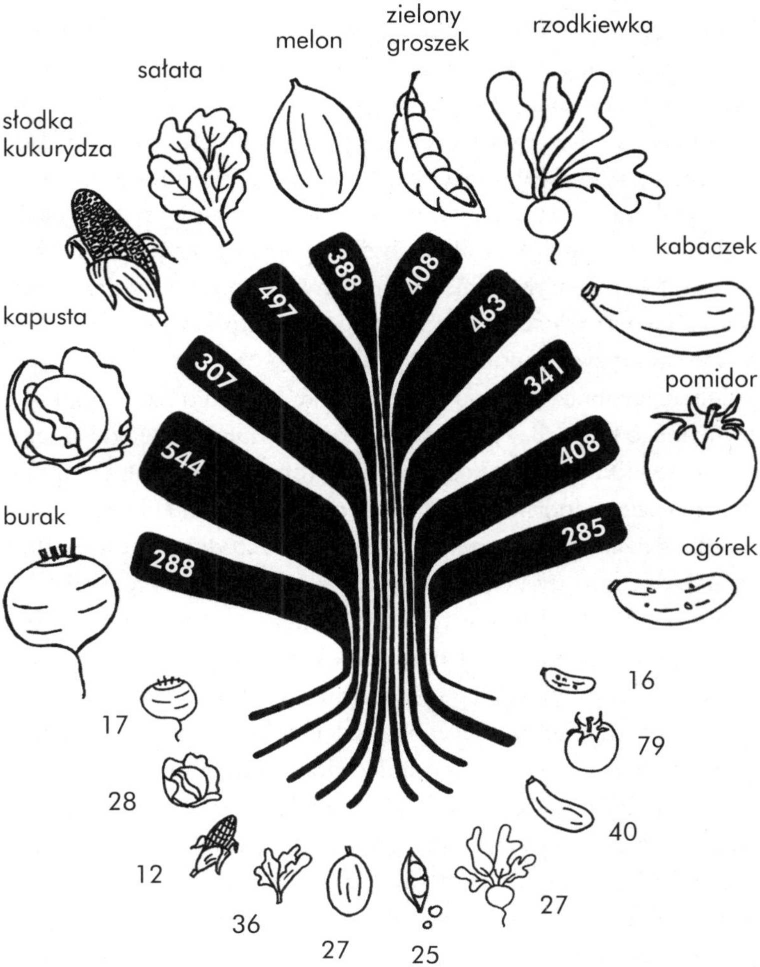

80 lat później – liczba odmian

Źródło: Rural Advancement Food International

bioróżnorodności jest faktem i może mieć poważne konsekwencje. Słyszeliście o wielkim głodzie, który miał miejsce w Irlandii w połowie XIX wieku? Stała się wówczas rzecz z pozoru błaha: w Europie gwałtownie rozprzestrzenił się szkodnik – pierwotniak grzybopodobny *Phytophthora infestans* – który masowo zaatakował uprawy ziemniaków, niszcząc zdecydowaną większość plonów. Ponieważ ziemniaki stanowiły podstawę wyżywienia wielu rodzin, skutki zarazy okazały się tragiczne. Szacuje się, że w samej tylko Irlandii z głodu zmarło półtora miliona osób, a populacja kraju zmniejszyła się aż o 20 procent. Kolejne dwa miliony wyemigrowały, nie widząc dla siebie przyszłości w kraju spustoszonym przez głód i towarzyszący mu kryzys ekonomiczny.

Teraz wyobraźmy sobie sytuację, w której przetrwanie populacji nie jednego kraju, ale całego świata zostało uzależnione od istnienia zaledwie kilku odmian roślin uprawnych. Odmiany te są wprawdzie bardziej odporne na znane obecnie szkodniki i choroby (jeśli stosuje się zalecane nawozy oraz chemiczne środki ochrony roślin), jednak pamiętajmy, że patogeny nieustannie ewoluują i wciąż pojawiają się nowe choroby. Jeśli wykształci się jakiś szczep, wobec którego wyselekcjonowane odmiany okażą się bezbronne, możemy stanąć w obliczu globalnego problemu z produkcją żywności.

Na szczęście coraz więcej osób zdaje sobie z tego sprawę i przyłącza się do inicjatyw dążących do odbudowania utraconej różnorodności. Tworzy się banki nasion, gdzie w kontrolowanych warunkach przechowywane są nasiona zarówno znanych odmian, jak i tych już zapomnianych. Światowi liderzy również zaczynają zauważać ten problem. Wbrew pozorom ważną rolę odgrywają też pojedynczy ogrodnicy, którzy wykorzystują różnorodność dostępnych nasion i swoimi działaniami chronią rzadkie odmiany przed zapomnieniem, przyczyniając się jednocześnie do wzrostu świadomości u wielu konsumentów. Miejmy nadzieję, że uda się nam przywrócić na świecie większą różnorodność upraw, zanim historia wielkiego głodu w Irlandii powtórzy się na globalną skalę.

Podsumowując – aktualnie mamy niższe ceny żywności i ładne, niepoobijane jabłka czy marchewki w supermarketach, ale większość z nas nie zdaje sobie sprawy, jaką cenę możemy za to kiedyś zapłacić. Pojawiają się również inne problemy – większa dostępność żywności łączy się z większym jej marnotrawieniem. Tylko w Polsce wyrzucamy rocznie ponad 9 milionów ton żywności (to 50 kg na osobę!). W skali globalnej marnujemy około jednej trzeciej produkowanej żywności, czyli jakieś 1,3 miliarda ton! A problem głodu na świecie dalej istnieje... Zdecydowanie najwyższy czas, aby coś z tym zrobić.

Na szczęście wygląda na to, że zmiana wisi w powietrzu. Niskie ceny żywności nie robią już na nas wrażenia. Jesteśmy pokoleniem, które wychowało się we względnym dobrobycie. To bezpieczeństwo sprawia, że szukamy alternatywnych rozwiązań. Kwitnie rynek żywności ekologicznej. Jako konsumenci jesteśmy skłonni zapłacić więcej za żywność o wyższej jakości, wyprodukowaną bez sztucznych nawozów czy bez użycia chemicznych środków ochrony roślin. Wracamy do starych odmian w warzywnictwie i w sadownictwie, co z kolei przyczynia się do odbudowania różnorodności. Powstają miejskie kooperatywy spożywcze, ułatwiające dostęp do produktów lokalnych rolników. Wreszcie – co szczególnie mnie cieszy – ludzie wracają do prowadzenia własnych upraw roślin jadalnych. Również na balkonach.

2 Siła jest w nas: oszczędność i niezależność

Jak już wspomniałam, mimo stosunkowo niskich cen żywności niektóre osoby wybierają własne uprawy ze względów czysto ekonomicznych. Dotyczy to przede wszystkim świeżych ziół, które potrafią być relatywnie drogie.

W marketach kuszą nas bazylia, oregano, rozmaryn, majeranek i inne pachnące zioła sprzedawane w doniczkach opakowanych w folię. Wielu początkujących ogrodników właśnie od nich rozpoczyna swoją przygodę i… niestety nierzadko się zraża. Zastanawiają się, dlaczego ich bazylia tak szybko zmarniała. Kiedy pytam o źródło sadzonki, najczęściej okazuje się, że została nabyta właśnie w markecie. Warto zdać sobie sprawę, że w tym wypadku wina nie leży po stronie świeżo upieczonego hodowcy: w zdecydowanej większości przypadków taka sadzonka zmarnieje, choćbyśmy pielęgnowali ją jak najstaranniej – ona po prostu nie jest przystosowana do długiej uprawy. Zioła sprzedawane w supermarketach są mocno zasilane – ich wzrost jest sztucznie przyspieszany, do tego są sadzone bardzo gęsto i nie mają szans przetrwać długo w takich warunkach. Dlatego z reguły mają krótki żywot i według mnie nadają się do jednorazowego wykorzystania.

Chcąc zaoszczędzić, zamiast kupować nową sadzonkę z marketu za każdym razem, gdy mamy ochotę na świeże zioła, warto zaopatrzyć się w porządne rośliny, które posłużą nam dłużej. Wspomniana bazylia jest co prawda rośliną jednoroczną i trzeba ją będzie co roku odnawiać, ale wiele innych ziół (m.in. mięta, oregano czy tymianek) to gatunki wieloletnie, które – odpowiednio pielęgnowane – będą nam służyć przez długi czas, a oszczędność rzeczywiście zacznie być odczuwalna.

Są też inne pozytywy: w sklepach często znajdziemy świeżą natkę pietruszki czy szczypiorek, ale już pęczek świeżego oregano, tymianku czy rozmarynu – niekoniecznie. A tak, zioła będą na nas czekać na balkonie lub parapecie. Co więcej, nie będziemy musieli kupować za każdym razem nowej sadzonki tylko po to, by wykorzystać kilka listków do dekoracji potrawy. Nie znam chyba osoby, która w całości wykorzystała kupioną ziołową sadzonkę. Część rośliny zawsze ląduje w koszu – nawet nie z powodu braku chęci do jej konsumpcji, ale dlatego, że zazwyczaj nie udaje nam się jej zużyć, dopóki zioło jest w dobrym stanie. W momencie gdy liście zaczynają więdnąć, większość z nas po prostu wyrzuca doniczkę do kosza. Natomiast sadzonka, która jest dobrze rozkrzewiona, zdrowa i od ziarenka hodowana w ziemi, spokojnie wytrzyma z nami cały sezon, oferując dużo bardziej aromatyczne listki, które posłużą za dodatek do naszych potraw. I jest też szansa, że zdążymy ją zjeść albo przynajmniej zamrozić, zanim skończy się jej żywot.

Doniczki z ziołami to jednak nie wszystko. Czynniki ekonomiczne mogą być argumentem za produkcją żywności na potrzeby własne. Przykładem dużego miasta świetnie to obrazującego jest Detroit.

To amerykańskie miasto w stanie Michigan z różnych przyczyn społeczno-ekonomicznych znacznie się wyludniło w ciągu ostatnich lat – od lat 50. XX wieku utraciło ponad 60 procent swoich mieszkańców, w tym aż 25 procent między rokiem 2000 a 2010. Wskutek tego w mieście pozostało wiele pustych budynków, domów i działek. Stopa bezrobocia osiągnęła w 2013 roku ponad 23 procent, a ponad jedna trzecia mieszkańców żyła na skraju ubóstwa. Niebawem Detroit ogłosiło bankructwo.

Problem z rynkiem pracy nie był jedynym, z jakim miasto musiało się zmierzyć. Ten obszar należy bowiem do dziesięciu największych pustyń żywności (ang. *food deserts*) w USA. Termin ten odnosi się do miejsc, gdzie mieszkańcy mają bardzo ograniczony dostęp do świeżej, zdrowej żywności – ze względu na duże odległości dzielące mieszkańców od sklepów oraz brak upraw rolnych w okolicy.

W ciągu ostatniej dekady zainwestowano wielkie środki, aby zrewitalizować miasto. Jedną z inicjatyw jest tworzenie miejskich ogrodów z roślinami jadalnymi. Obecnie w Detroit działają organizacje wspierające miejskie ogrodnictwo – dwie największe z nich to MUFI (Michigan Urban Farming Initiative) oraz Keep Growing Detroit.

MUFI stworzyło na terenie niewiele większym niż hektar ogromną miejską farmę. Poza tradycyjnymi grządkami warzywno-owocowymi znajduje się tam sad z dwustoma drzewami owocowymi oraz ogródek sensoryczny dla dzieci. W planach jest również kawiarnia i centrum edukacyjne. Dzięki wolontariuszom pracującym na farmie od momentu jej powstania w roku 2011 udało się wspomóc ponad 2 tysiące gospodarstw domowych, poprzez rozdawnictwo ponad 20 ton świeżych produktów.

Keep Growing Detroit z kolei wspiera mieszkańców w zakładaniu własnych ogródków warzywnych. Według danych z ich ostatniego raportu liczba takich ogródków niesamowicie wzrosła – od około 100 w roku 2004 do ponad 1500 obecnie. W 2017 roku w ramach programu popularyzatorskiego organizacja zaangażowała ponad 23 tysiące mieszkańców w działania na rzecz ogrodnictwa i rozdała prawie 100 tysięcy opakowań nasion oraz ponad 300 tysięcy sadzonek. Keep Growing Detroit prowadzi również mnóstwo spotkań, warsztatów i programów edukacyjnych, jednym słowem, podejmuje intensywne działania, aby umożliwić wszystkim chętnym produkowanie własnego jedzenia. Duży nacisk kładzie się również na praktyczną edukację najmłodszych – organizacja współpracuje z ośrodkami dziecięcymi, gdzie pomaga zakładać małe ogródki warzywne. Jest to o tyle ważne, że jednym z problemów Detroit była bardzo niska świadomość dotycząca zdrowego żywienia. Tymczasem jeśli dzieci od najmłodszych lat stykają się z prawdziwą zdrową żywnością, mają dużo większe szanse na utrzymanie zdrowych nawyków w dorosłym życiu.

W przypadku Detroit czynnik ekonomiczny jest ewidentny. Część miejskich ogrodników sprzedaje swoje plony. Mieszkańcy mogą zamówić takie produkty z dostawą do domu, kupić w tamtejszych sklepach, a także zjeść w restauracjach. Niektóre z nich szczycą się tym, że ich potrawy są w całości przygotowane z lokalnych miejskich plonów.

W Detroit poza ogródkami typowo warzywnymi znajdziemy całą gamę innych inicjatyw, na przykład ogród, gdzie uprawiane są kwiaty do ciętych bukietów, czy taki, który specjalizuje się w uprawie... jadalnych chwastów! Specjalność właścicieli – ostrą zieloną sałatkę – można zakupić na lokalnym targu oraz w wielu miejskich restauracjach.

Jak widać, Detroit jest w zasadzie opanowane przez ruchy związane z uprawą żywności. Zielone obszary stały się osią rewitalizacji miasta i całkowicie zmieniły jego gospodarkę. Wszystko wskazuje na to, że ma spore szanse na samowystarczalność – i tym samym zdobycie statusu globalnego wzoru do naśladowania w zakresie miejskiego ogrodnictwa. Warto jednak podkreślić, że nie jest to jedyny ośrodek, w którym miejskie ogródki warzywne są tak popularne. Wiele podobnych przykładów znajdziemy również w państwach Europy Zachodniej, chociażby w Wielkiej Brytanii czy Niemczech.

W Polsce ten trend dopiero raczkuje. Istnieją wprawdzie małe lokalne inicjatywy tworzące pojedyncze projekty związane z ogrodnictwem, ale rzadko kiedy przyjmują się one na dłużej niż 2–3 lata. Są jednak przykłady, które pokazują, że u nas też się da. Polskim liderem projektów ogrodniczych jest niewątpliwie Warszawa. Aktualnie funkcjonuje tam aż kilkanaście ogrodów społecznych.

Co do głównych założeń ogród społeczny jest podobny do tradycyjnych ogródków działkowych. To przestrzeń przeznaczona do prowadzenia upraw i rekreacji. Główna różnica polega na tym, że ten pierwszy stanowi dobro wspólne tych, którzy go tworzą. W niektórych ogrodach społecznych wydziela się grządki dla poszczególnych użytkowników, ale zdecydowana większość z nich to przestrzeń wspólna dla wszystkich.

Jeden z najbardziej popularnych warszawskich ogrodów społecznych, działający od sierpnia 2015 roku, jest zlokalizowany na terenie Fortu Bema. To także największy z warszawskich ogrodów – zajmuje prawie pół hektara! W tym otwartym dla wszystkich miejscu oprócz grządek warzywnych znajdziemy również sad powstały z wykorzystaniem obecnych już na terenie fortu drzew owocowych, łąkę kwietną z rodzimymi gatunkami roślin oraz pasiekę. Z założenia jest to nie tylko przestrzeń rekreacji, ale również edukacji ekologicznej. Odbywają się tam warsztaty i wykłady prowadzone przez doświadczonych specjalistów: botaników, ornitologów czy pszczelarzy.

Warto zatem pamiętać, że jeśli któregoś dnia warzywna dżungla na naszym balkonie przestanie nam wystarczać, nadmiar energii zawsze można wykorzystać na rzecz miejskich inicjatyw. Zacznijmy jednak od mniejszych projektów.

3 | Dziel się ogrodniczą pasją

Ogródki warzywne w miastach są świetnym pretekstem do cementowania lokalnych społeczności. Tak jak we wspomnianych wcześniej Detroit czy Warszawie ludzie sami zakładają miejskie farmy i nieodpłatnie na nich pracują w wolnym czasie, aby później móc korzystać z plonów. Przy tego rodzaju aktywności naturalne jest poznawanie innych ogrodników, wspólne spędzanie czasu i dzielenie się wiedzą. Podobnie jest z hodowlą na balkonach.

Bardzo często się zdarza, że przy produkcji własnej rozsady otrzymujemy za dużo sadzonek. Zawsze sieje się więcej, niż potrzeba, aby wybrać te najsilniejsze okazy, a pozostałe wyrzucić. Ale chyba każdy, kto stał przed takim dylematem, wie, jakie to trudne! Większość ogrodników z chęcią odda część sadzonek, byle tylko ktoś się nimi zaopiekował i niczego nie trzeba było wyrzucać. Jeśli brakuje nam w otoczeniu osób, które mogłyby takie sadzonki przyjąć, warto skontaktować się na przykład z lokalnym przedszkolem – obserwowanie, jak pomidorki dojrzewają na krzaczkach to dla dzieciaków ogromna frajda, a dodatkową korzyścią będzie element edukacji ekologicznej. Nadmiar sadzonek można też posadzić przed blokiem albo chociażby wystawić w kartonie z informacją, że każdy może zabrać rośliny do domu. W ten sposób nasze sadzonki się nie zmarnują.

4 Wyhoduję? Wiem, co zjem!

Jednym z najważniejszych argumentów przemawiających za uprawą własnych roślin jadalnych jest całkowita kontrola nad tym, co trafia na nasz talerz – od nasionka aż do plonów. Jedząc własnoręcznie wyhodowane warzywa i owoce, wiemy dokładnie, czym były nawożone, czy w czasie uprawy były używane chemiczne środki ochrony roślin, jaki był wpływ otoczenia. Żadnej z tych rzeczy nie możemy stwierdzić ze stuprocentową pewnością, kupując warzywa i owoce w sklepie czy na targu. W dobie Internetu, gdy dostęp do wiedzy jest powszechny, coraz więcej osób staje się świadomymi konsumentami. Częściej zwracamy uwagę na to, co kupujemy, rzadko kiedy skusi nas jedynie reklama w telewizji czy promocja w sklepie. Czytamy składy produktów, chcemy znać pochodzenie kupowanego mięsa oraz warzyw i owoców. Nie chcemy niepotrzebnych dodatków, odrzucamy produkty modyfikowane genetycznie, a także te ze zbędnymi barwnikami, aromatami, substancjami zagęszczającymi czy konserwującymi. Korzystamy z aplikacji, które oznaczają potencjalnie niebezpieczne składniki i tym samym pomagają nam dokonać wyboru.

Nie wynika to jedynie z potrzeby kontroli – moim zdaniem jest to po części efekt strachu, a po części braku zaufania. Nie wierzymy, że to, co mówi nam sprzedawca, jest prawdą. „Te pomidory? Absolutnie niepryskane! Własna ekologiczna produkcja!" – słyszymy często na targu. Jako świadomi konsumenci podchodzimy do takich komunikatów sceptycznie, potrzebujemy dowodów. A i te niekiedy nas nie przekonują. Media donoszą przecież o procederach takich jak kupowanie certyfikatów ekologicznych.

Z warzywami i owocami problem polega na tym, że nie mają na sobie naklejki ze składem. Często nie znamy pochodzenia danego produktu. Nie wiemy, w jakich warunkach roślina była uprawiana, niekiedy nie mamy nawet pojęcia, z jakiego kraju pochodzi. Musimy zaufać w tym wypadku samemu sprzedawcy czy informacji o certyfikacie. Na szczęście coraz więcej lokalnych producentów żywności otwiera się na klientów i pokazuje, w jaki sposób uprawia swoje warzywa i owoce. Chętni mogą podjechać na farmę i na własne oczy zobaczyć, jak wygląda ten proces. Oczekiwania społeczne zaczynają wpływać na rynek warzyw i owoców. Pięknym przykładem z nieco innego obszaru są deklaracje dużych sieci handlowych o planach, by wycofać ze sprzedaży jaja z chowu klatkowego. Może w ten sam sposób doczekamy się zmian na lepsze dotyczących warzyw i owoców?

Obecnie jednak – spójrzmy prawdzie w oczy – jedynym sposobem, by sprawować całkowitą kontrolę nad uprawą jakiegoś produktu, jest wyhodowanie go sobie samemu. Kupujmy więc nasiona lub wymieniajmy się nimi z innymi ogrodnikami. Siejmy. Pielęgnujmy. Spożywajmy. Zyskamy w ten sposób nie tylko same produkty spożywcze, ale i ogromną satysfakcję.

5 | Mobilny balkon współczesnego nomady

W dzisiejszych czasach mobilność jest w cenie. Zmiana miejsca zamieszkania już nikogo nie dziwi, nawet jeśli oznacza przenosiny na drugi kraniec Polski. Sama jestem tego dobrym przykładem – w ciągu swojego dorosłego życia przeprowadzałam się już kilka razy, a to jeszcze pewnie nie koniec. Młodzi ludzie migrują, szukają swojego miejsca, sprawdzają na własnej skórze, gdzie żyje im się lepiej. Jak w ten styl życia wpleść uprawę roślin? To proste: przeprowadzać się razem z nimi! Wystarczy odrobina determinacji, dobre zabezpieczenie i można ruszać w drogę.

Oto przykład: kiedy okazało się, że Paulina, jedna z czytelniczek bloga, będzie musiała się przeprowadzić kilkaset kilometrów dalej, stwierdziła, że zabierze swoje sadzonki ze sobą. Była akurat połowa lipca, więc jej pomidory i papryki zdążyły się już pięknie rozrosnąć i zacząć owocować. Rozkrzewiły się tak gęsto, że przez balkon Pauliny prawie nie dało się przejść. Prawdziwa jadalna dżungla.

Paulina przed podróżą nie obrywała liści, nie rozsadzała roślin. Postanowiła przewieźć doniczki w całości. Otuliła je więc delikatnie folią bąbelkową i – zostawiając podpórki z patyczków – wstawiła całość do kartonu dla większej stabilności. Sam karton został potem na czas przejazdu zabezpieczony przed przesuwaniem. Podróż nie była łatwa – 300 kilometrów i cztery godziny na pace samochodu dostawczego – ale rośliny przetrwały. Po rozpakowaniu wyglądały jakby nigdy nic! Przenosiny, które na początku wzbudzały wiele obaw, okazały się dużo prostsze, niż się wydawało. Teraz Paulina w nowym mieszkaniu może rozwijać swoją pasję i cieszyć się plonami roślin, które zasiała 300 kilometrów dalej.

To, że rośliny mogą przetrzymać nawet i dłuższą podróż, świetnie obrazuje historia Basi. Basia pochodzi z Zabrza i jest inżynierem budownictwa. Pierwszy raz w dłuższą delegację pojechała do Słupska. Aby uspokoić myśli i odreagować po pracy, postanowiła zająć się tam uprawą ostrych papryczek. Zaczęła zgodnie z harmonogramem – w połowie lutego. Kiedy po dwóch miesiącach papryczki były już całkiem spore, ich właścicielka miała w planie urlop. Zbliżał się akurat okres świąteczny i większość jej miejscowych znajomych wyjeżdżała do swoich rodzin, nie byłoby zatem komu powierzyć opieki nad sadzonkami. Basia postanowiła zatem zabrać papryczki ze sobą. Rosły wtedy w małych kubeczkach po jogurtach. Przełożyła je do większych pięciolitrowych donic i umieściła w bagażniku samochodu. Rośliny zamieszkały u jej rodziców, a ona wraz ze swoim partnerem pojechała na urlop. Potem oboje wrócili do Zabrza, gdzie spędzili rodzinne święta, a następnie zapakowali papryczki do auta i pojechali z powrotem do Słupska. Basia opowiada, że rośliny nie odczuły żadnych negatywnych skutków całej tej wycieczki – rosły pięknie i owocowały przez cały sezon.

Jak widzicie, dla chcącego nic trudnego – można się przeprowadzać razem z całym dobytkiem, nawet tym zielonym. Co więcej, warto zabierać rośliny ze sobą. Mogą nam one pomóc wprowadzić stabilizujący element stałości, dobroczynny, gdy zmieniamy miejsce zamieszkania. Ustawiając je w nowym lokum, możemy od razu poczuć się bardziej komfortowo. Myślę też, że żaden ogrodnik nie lubi porzucać sadzonek w połowie sezonu. W uprawę roślin wkładamy przecież tyle serca, troski i uwagi. Teoretycznie można próbować szukać dla nich nowego domu, oddać doniczki sąsiadom czy zanieść je do najbliższego przedszkola. Ale ile satysfakcji przyniesie nam przeprowadzka razem z nimi!

6 | *Slow gardening*

Myślę, że wszystkim nam znany jest termin *slow life*, a zwłaszcza jego krewniak *slow food* dotyczący sposobu produkcji i konsumpcji żywności. W świecie, gdzie wszystko pędzi, gdzie wszechobecna jest pogoń za pieniądzem, karierą i większym stanem posiadania, coraz więcej osób czuje potrzebę zwolnienia tempa. Szukamy więc czasu w ciągu dnia, aby po prostu być. Nie spieszyć się, nie myśleć o tym, co na obiad, nie zastanawiać się, co zrobimy jutro. Chcemy po prostu przeżywać i cieszyć się daną chwilą. Jedni nazywają to treningiem uważności, drudzy medytacją, a dla innych będzie to po prostu chwila oddechu. Niedawno królowały w tej kwestii kolorowanki dla dorosłych, coraz popularniejsza jest też sztuka kaligrafii. Sporo osób sięga po robótki ręczne: szydełkowanie, robienie na drutach czy szycie na maszynie. Potrzebujemy aktywności, które dadzą nam wytchnienie od codziennych obowiązków, pomogą uspokoić myśli i nie są związane z technologią. Choć nie wyobrażamy sobie dnia bez komputera czy smartfona, coraz częściej szukamy zajęć, które nie wiążą się z patrzeniem w ekran.

Uwaga, dobra wiadomość: ogrodnictwo idealnie wpisuje się w tę filozofię! Uprawa roślin pomaga nam się odstresować, daje zajęcie inne od wszystkiego, co robimy w ciągu dnia. I nie jest ważne, czy koncentrujemy się na gatunkach jadalnych, czy ozdobnych. Możemy czerpać radość z kwitnienia storczyków, pielęgnacji pokaźnej kolekcji kaktusów czy podcinania ukochanego drzewka bonsai. Ja jednak, z racji swojej pasji, zachęcam do odnalezienia tej chwili spokoju w uprawie roślin użytkowych. Możemy wtedy uzyskać kolejną korzyść, jaką jest spożycie plonów własnych warzyw, owoców i ziół, a także przenieść pozytywne emocje związane z ogrodnictwem na przygotowywanie posiłku. Nic tak nie poprawia nastroju podczas

przyrządzania i serwowania dań jak świadomość, że możemy dodać do zupy własny lubczyk czy przyprawić sos pomidorowy świeżo zerwanym oregano.

Praktykując filozofię *slow life* w ogrodnictwie, dostrzegamy więcej. Uważnie obserwujemy, jak z ziarenka powstaje roślina, i czerpiemy z tego radość. Krok po kroku dostrzegamy, jak się zmienia, rozwija. Taka uważność to nie tylko odpoczynek dla duszy. Pomoże nam również wcześnie wykryć problemy w postaci chorób czy szkodników. Będziemy wtedy w stanie szybciej zareagować, a tym samym z większym prawdopodobieństwem uda nam się rośliny ochronić.

Slow gardening sprzyja również budowaniu społeczności, nawiązywaniu relacji z innymi ogrodnikami. Sąsiedzi szukający wytchnienia w ogrodnictwie mogą pracować razem i korzystać z owoców wspólnego wysiłku.

Ogrodnictwo poniekąd wymusza na nas zatrzymanie się. Natury nie da się pospieszyć. Nie sposób sprawić, by ziarno wykiełkowało szybciej, niż przewidują prawa przyrody. Możemy sterować temperaturą czy nawozami, ale kiełki pojawią się wtedy, kiedy roślina będzie na to gotowa. Tak samo owoce. Nieważne, ile nawozu dodamy do wody, którą podlewamy rośliny – owoce i tak pojawią się w swoim czasie. To bezcenna lekcja cierpliwości, która obecnie jest nam często obca. Prawie wszystko możemy dostać natychmiast – z reguły jest to kwestia pieniędzy. A natura każe nam czekać. Obserwować, jak pomidor powoli zmienia swój kolor, zanim dojrzeje.

Co roku jesteśmy świadkami kolejnego cyklu natury. Rośliny jednoroczne umierają, wieloletnie przechodzą w czas spoczynku. Owszem, możemy próbować uprawiać rośliny przez cały rok – w warunkach ocieplonej szklarni. Ale chyba nikogo nie muszę przekonywać, że nawet owoce kupowane w sklepach inaczej smakują w sezonie, a inaczej poza nim. Pomidor nabyty w markecie w grudniu jest wodnisty i mało wyrazisty w smaku pomimo czerwonej i błyszczącej skórki. Za to ten kupiony w środku lata nawet pachnie inaczej! Jego aromat zostaje nam na dłoniach, a słodki smak pozostawia grudniowe pomidory daleko w tyle. Wniosek jest prosty: natury nie da się oszukać, musimy się do niej dostosować. A stąd już tylko krok do obserwacji, że sami również uczestniczymy w tym cyklu. Przechodzimy w stan spoczynku, czasem wręcz uśpienia, na miesiące zimowe, za to na wiosnę aż nie możemy się doczekać, aby zacząć działać!

Wielka przygoda na małym balkonie

Stworzenie kawałka natury na własnym balkonie jest łatwiejsze, niż się wydaje. W tym rozdziale postaram się zawrzeć podstawową wiedzę na temat ogrodnictwa balkonowego. Opowiem, jak zaoszczędzić czas, wyhodować zdrowe sadzonki i walczyć z najczęstszymi chorobami i szkodnikami, bo te niestety również mogą się pojawić.

1 „Przecież ja nie mam na to czasu...". Obalamy mity

Jeśli chodzi o uprawę roślin na balkonie, początkujący często obawiają się, że zajmie im to zbyt wiele czasu. Wiadomo: nic samo się nie zrobi i zaangażowanie – choćby minimalne – będzie potrzebne, ale to nie znaczy, że przy roślinach spędza się całe dnie. Jeśli wiadomo, iż można na tego rodzaju aktywność przeznaczyć ograniczoną ilość czasu, to warto od razu tak zaprojektować balkon, aby wymagał jak najmniej pracy. Szczególnie ważne będzie to dla osób pracujących przez większą część dnia poza domem oraz tych, którzy często wyjeżdżają, ale poniższe wskazówki przydadzą się każdemu. Warto zautomatyzować niektóre czynności, na przykład podlewanie, by zyskać więcej czasu na zwykłe obserwowanie naszych roślin i inne małe przyjemności.

Wybierzcie sadzonki zamiast nasion

Chyba najbardziej pracochłonną czynnością w całym sezonie ogrodniczym jest produkcja własnej rozsady, czyli wysiew roślin z nasion. Młode siewki są dużo bardziej delikatne i trzeba im poświęcać więcej czasu niż dorosłym roślinom. Jeśli chcecie oszczędzić sobie trochę czasu na początku wiosny (termin wysiewu większości roślin przypada na marzec i kwiecień), to po prostu pomińcie ten etap i w połowie maja zaopatrzcie się w gotowe sadzonki. A może ktoś w waszym otoczeniu wysiewał w tym sezonie jakieś rośliny? Warto zapytać, czy taka osoba ma jakieś nadwyżki – na pewno chętnie się podzieli. Coraz częściej organizowane są też lokalne akcje wymiany sadzonek – warto poszukać tego typu inicjatyw. Wtedy wystarczy przesadzić rośliny do pojemników docelowych – dzięki czemu odpada nam cała praca związana z wysiewem i pikowaniem.

Jeśli jednak bardzo was korci, żeby wysiać nasiona i wyhodować coś od ziarenka, spróbujcie na początku z czymś, co szybko rośnie. Świetnie nadadzą się rośliny jednoroczne, na przykład bazylia czy rukola. Pamiętajcie jednak, aby nie powtarzać najczęstszych błędów i zrobić to dobrze od samego początku, przede wszystkim wybierając właściwy termin na rozpoczęcie wysiewu.

Poszukajcie sposobów na automatyczne nawadnianie

Najważniejszą rzeczą, która wymaga systematyczności, jest podlewanie. Od tego nie uciekniemy – w najbardziej upalne dni nasze uprawy mogą wymagać podlewania nawet dwa razy dziennie. Dlatego jeśli jesteśmy bardzo zabiegani lub często wyjeżdżamy i nie mamy komu powierzyć opieki nad naszymi roślinami, warto poszukać sposobów na automatyczne nawadnianie. Można w tym celu skorzystać z dostępnych na rynku rozwiązań, od kul nawadniających aż po automatyczne systemy nawadniania lub gotowe doniczki z systemem automatycznego nawadniania, w przeróżnych kształtach, kolorach i rozmiarach. W wersji dla ambitnych można spróbować swoich sił i stworzyć coś własnoręcznie – nawet ze zwykłych plastikowych butelek.

Samonawadniająca się doniczka – pierwszy sposób

Aby stworzyć samonawadniającą się doniczkę, wystarczy nam plastikowa butelka.

- Przecinamy butelkę na pół oraz robimy kilka małych dziurek w jej górnej części.
- Przewlekamy sznurek bawełniany przez ustnik butelki, możemy użyć na przykład paska wyciętego z nieużywanej bawełnianej bluzki.
- Wypełniamy górną część wilgotnym podłożem, a do dolnej nalewamy wody. Sznurek musi być częściowo zanurzony w wodzie, a częściowo w podłożu.
- Sadzimy lub wysiewamy roślinę.
- Uzupełniamy wodę w dolnej części butelki.

Uwaga!
Korzenie większości roślin są wrażliwe na światło. Warto jest więc taką doniczkę pomalować ciemną farbą lub okleić materiałem nie przepuszczającym światła. Nasza roślina będzie się wtedy dużo lepiej rozwijać.

Samonawadniająca się doniczka – drugi sposób

Podobną konstrukcję możemy również wykonać z dwóch donic. Ważne, aby miały taką samą górną średnicę, dzięki czemu będą dobrze do siebie pasowały (jak na rysunku na stronie 44).

Potrzebujemy jeszcze jednej mniejszej doniczki, która będzie stanowiła sączek do wody, oraz rurki, przez którą będziemy dolewać wody do pojemnika. Zamiast małej doniczki możemy wykorzystać na przykład plastikowy kubek po jogurcie czy śmietanie. Rurkę najlepiej kupić w markecie budowlanym.

- Małą doniczkę dziurkujemy. Dziurki mają być małe i musi być ich dużo.
- W dnie donicy, w której będziemy sadzić naszą roślinę, robimy otwór mniejszy od górnej średnicy małej doniczki oraz otwór o średnicy rurki PCV.
- Wypełniamy małą doniczkę wilgotnym podłożem i ustawiamy ją na dnie donicy, która będzie naszą osłonką.
- Na tej małej doniczce ustawiamy donicę, w której planujemy zasadzić rośliny.
- Montujemy rurkę PCV.
- W dolnym pojemniku wykonujemy otwór odpływowy zaraz pod dnem górnej doniczki. Dzięki niemu będziemy wiedzieć, jak dużo wody mamy wlać.
- Górną donicę wypełniamy wilgotnym podłożem i sadzimy w niej rośliny.
- Regularnie dolewamy wody przez rurkę PCV.

Samonawadniająca się doniczka – pierwszy sposób

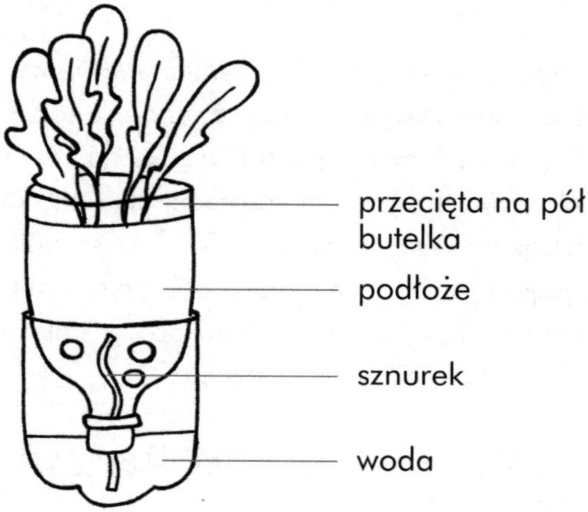

Samonawadniająca się doniczka – drugi sposób

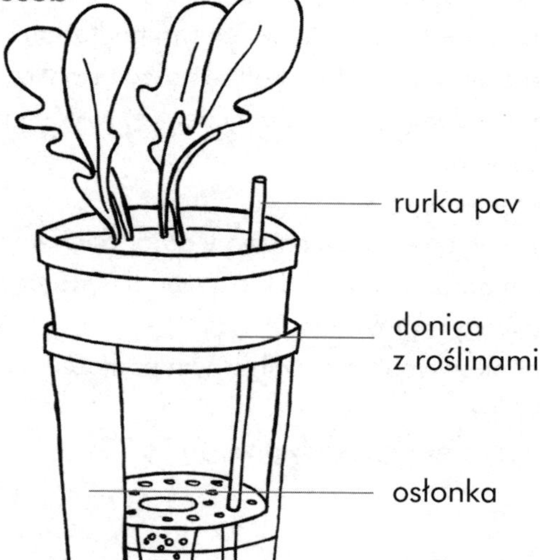

Ograniczcie liczbę roślin

Gdy zaczynamy przygodę z uprawą roślin na balkonie, często od razu chcemy mieć wszystko! Wiele ziół, różne odmiany pomidorów, papryki, truskawki, poziomki... Lista nie ma końca! Oczywiście zapał jest jak najbardziej wskazany, jednak warto mierzyć siły na zamiary. Jeśli rzeczywiście rzadko bywacie w domu, zacznijcie od kilku roślin. Sprawdźcie, jak sobie z nimi radzicie i ile zajmuje wam to czasu. Nie rzucajcie się od razu na głęboką wodę.

Wybierzcie przede wszystkim rośliny dopasowane do stanowiska, jakie posiadacie. Na zacieniony balkon polecam miętę, która chyba jest najbardziej odporną rośliną, jaką możemy uprawiać. Jeśli macie dużo słońca – zainwestujcie w zioła śródziemnomorskie, na przykład oregano i tymianek. Na stronie 49 znajdziecie tabelkę z przykładowymi roślinami na stanowiska słoneczne i te bardziej zacienione. Odpowiedni dobór roślin zaoszczędzi wam wielu kłopotów w przyszłości.

Pomijając tych kilka dni większych robót (wysiew nasion, pikowanie, przesadzanie na miejsca docelowe), kiedy nad sadzonkami spędzimy po kilka godzin, codzienna pielęgnacja składa się głównie z podlewania. Ja hoduję rośliny na dwóch balkonach – na każdym mam po kilkanaście doniczek. Każdorazowe podlewanie zajmuje mi pięć do dziesięciu minut, przy czym większość z tego czasu czekam po prostu, aż napełni się konewka. Nawadniam wszystkie rośliny średnio raz na dwa, trzy dni, a w największe upały codziennie. Mniej więcej raz w tygodniu do wody, którą podlewam rośliny, dodaję gotowy nawóz. W tym czasie dokonuję również przeglądu roślin – sprawdzam, czy nie pojawiają się szkodniki lub choroby, obrywam uszkodzone liście. W razie niepokojących objawów muszę szybko zadziałać. Wtedy poświęcam około piętnastu minut na przygotowanie specjalnych oprysków. Poza tym staram się regularnie wykonywać wzmacniająco-ochronne opryski dla wszystkich roślin – przygotowuję je sama (przepis znajdziecie na stronie 106) i zajmuje mi to również około kwadransa. Pod koniec sezonu przychodzi czas na zbiory – zabierają dodatkowe kilka minut dziennie, ale to już sama przyjemność!

Sami widzicie, że nie jest to porażająca ilość czasu. Ważna jest jednak systematyczność – w sezonie zdecydowana większość roślin będzie wymagać codziennej pielęgnacji. Jeśli zdarzy nam się opuścić jeden, dwa dni, to nic nie powinno się stać (chyba że akurat będą to dni trzydziestostopniowych upałów). Natomiast jeśli chcemy wyjechać na tydzień lub dwa, będzie już potrzebny ktoś do pomocy. Albo wspomniany wcześniej system automatycznego nawadniania.

2 | Co posadzić na balkonie

Przede wszystkim na start najlepiej wybrać kilka roślin, niekoniecznie kilkanaście czy kilkadziesiąt. Chociaż wiem, że te wszystkie zioła i różne odmiany pomidorów czy papryk niesamowicie kuszą. Jeśli dopiero zaczynacie swoją przygodę z balkonowym ogrodnictwem, ograniczcie początkową liczbę doniczek. Łatwiej będzie wam się wdrożyć w opiekę nad roślinami i zapanować nad uprawą. Zobaczcie, jak będzie wam szło, i w kolejnych sezonach rozszerzajcie kolekcję. No chyba że tak jak ja nie potraficie się powstrzymać i musicie zapełnić regał ziołami, a podłogę pomidorami do ostatniego centymetra kwadratowego!

Niezależnie od planowanej skali upraw, dokonując wyboru sadzonek, warto odpowiedzieć sobie na dwa pytania:

- Jakich ziół najczęściej używam w kuchni?
- Jakie mam warunki na balkonie?

Pierwsza kwestia: zajrzyjcie do swojej szafki kuchennej i zastanówcie się, po które przyprawy sięgacie najczęściej. Oregano? Bazylię? Rozmaryn? A może macie swoją ulubioną mieszankę ziołową? Spójrzcie na jej skład i sprawdźcie, które zioła znajdują się na początku listy – tych będzie w niej najwięcej. Wybierzcie zioła, których będziecie używać z przyjemnością do codziennego gotowania. Lubicie ostre smaki w kuchni? Zdecydujcie się na kilka różnych papryczek chili. A może uwielbiacie pomidory lub truskawki? Te z własnego

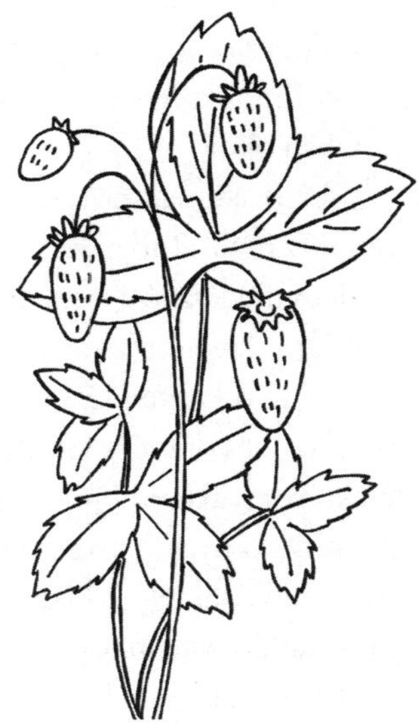

balkonu zachwycą was swoim słodkim smakiem. Najważniejsze, aby zacząć uprawy od czegoś, co naprawdę lubicie!

Druga kwestia to warunki, w jakich będą rosły wasze sadzonki. Z której strony świata usytuowany jest balkon czy parapet, na którym będziecie je uprawiać? Efekty będą dużo lepsze, jeśli dopasujecie odpowiednie gatunki do uwarunkowań.

Jeśli wasz balkon ma ekspozycję południową lub zachodnią, wybierzcie rośliny, które lubią słońce. O stanowiskach słonecznych mówimy, kiedy w danym miejscu słońce operuje bezpośrednio przez przynajmniej sześć godzin. Można wtedy wybierać z całej gamy ziół z basenu Morza Śródziemnego (zaliczają się do nich na przykład oregano, tymianek, lawenda czy rozmaryn). Równie dobrze będą się w tych warunkach czuły pomidory, papryki i truskawki.

W przypadku gdy wasz balkon przez większość dnia pozostaje w cieniu (ekspozycja północna lub wschodnia), wybór jest trochę bardziej ograniczony. Takie stanowisko będzie idealne dla mięty, pietruszki, koperku, wszelkich sałat, a także poziomek (choć te ostatnie wydadzą słodsze owoce, gdy będą miały więcej słońca). Więcej pomysłów na rośliny, które warto posadzić w słońcu lub w cieniu, znajdziecie w tabeli obok.

Trzeba jednak zaznaczyć, że zacieniony balkon nie dyskwalifikuje uprawy roślin lubiących słońce, takich jak choćby pomidory. Trzeba się jedynie liczyć z tym, że może im być ciut trudniej – będą rosnąć słabiej i dawać mniejsze plony, a ich owoce będą wolniej dojrzewać. Dużo łatwiej jest na stanowiskach słonecznych – tam zawsze można „stworzyć" cień dla roślin, które nie przepadają za słońcem. Wystarczy ustawić je w sąsiedztwie większych sadzonek lub bezpośrednio przy osłoniętych barierkach. Jeśli jednak macie ochotę na uprawę jakiejś konkretnej rośliny, która teoretycznie nie pasuje idealnie do warunków, jakimi dysponujecie – spróbujcie! Każde stanowisko jest inne, każdy sezon jest inny – zawsze warto próbować, bo często możemy zostać miło zaskoczeni. I przy okazji wyciągnąć wnioski na kolejne sezony upraw.

Kwestia dopasowania sadzonek do warunków to jedno, ale warto również pamiętać, że niektóre rośliny są zwyczajnie łatwiejsze w uprawie niż inne. Na pewno zalicza się do nich mięta, która jest bardzo mało wymagająca – jedyne, czego nie lubi, to ostre słońce.

Przykładowe rośliny lubiące słońce	Przykładowe rośliny lubiące cień
pomidor	mięta
papryka	koperek
ogórek	pietruszka
truskawki	sałaty
oregano	poziomka (choć na słonecznym stanowisku będzie miała słodsze owoce)
tymianek	cebula na szczypiorek
rozmaryn	lubczyk
lawenda	melisa
cząber	szpinak
szałwia	jarmuż
słonecznik	roszponka
bazylia	seler naciowy
majeranek	pak choi
fasola	czosnek niedźwiedzi
groch	kolendra
	estragon

3 Wysiać czy posadzić? Oto jest pytanie!

Kiedy już dokonacie wstępnej selekcji, kolejną ważną decyzją jest wybór pomiędzy nasionami a gotowymi sadzonkami. Zależy to przede wszystkim od poziomu waszej cierpliwości, ilości wolnego czasu na przełomie marca i kwietnia oraz dostępnej przestrzeni na nasłonecznionych parapetach.

Jeśli macie mało czasu lub szybko się nużycie, a do tego brakuje w waszym mieszkaniu słonecznego miejsca, gdzie mogłyby rosnąć siewki, najlepszym rozwiązaniem będzie zakup sadzonek. Te można nabyć na lokalnym targu czy w sklepie ogrodniczym. Duży wybór sadzonek znajdziecie również w marketach budowlanych, jednak tam trzeba bardzo uważać, aby nie kupić sadzonki chorej lub ze szkodnikami. Niezależnie od tego, gdzie kupujecie rośliny, każdą sadzonkę warto dokładnie obejrzeć. Możecie nawet wyjąć bryłę korzeniową z doniczki, aby ocenić, czy jest dobrze rozrośnięta. Powinna być zwarta, ładnie ukorzeniona, z wilgotną (nie mokrą ani suchą) ziemią. Sama roślina powinna być w dobrej kondycji, mieć zdrowy wygląd i odpowiednie dla siebie ubarwienie. Zdecydowanie warto poświęcić kilka dodatkowych minut na oględziny i kupić zdrową sadzonkę – oszczędzi nam to potem walki z chorobami i szkodnikami.

Odpowiednim terminem na zakup sadzonek jest połowa maja, kiedy nie ma już szans na przymrozki. Zwyczajowo mówi się, że ostatnim dniem niskich temperatur jest tak zwana zimna Zośka.

Jeśli jednak podejmiecie wyzwanie i zdecydujecie się na samodzielny wysiew nasion, to dla większości roślin najlepszy termin wypada gdzieś pomiędzy połową lutego a połową kwietnia. Nasiona najprościej jest kupić w sklepie. Warto zwrócić uwagę, by miały długi termin ważności – im świeższe są nasiona, tym łatwiej będą kiełkować. Na każdej saszetce z nasionami znajdziecie informacje dotyczące sposobu i terminu wysiewu.

Osobom początkującym polecam wysiewanie roślin przede wszystkim jednorocznych, takich jak bazylia, kolendra, pomidory czy papryczki chili. Wynika to z bardzo praktycznego powodu – rosną one dużo szybciej i prędzej możemy cieszyć się plonami. W przypadku roślin wieloletnich (do tej grupy zaliczają się na przykład mięta, rozmaryn czy lawenda) musimy liczyć się z tym, że będą potrzebowały więcej czasu, aby osiągnąć rozmiar pozwalający na korzystanie z nich. Dlatego moim zdaniem lepiej je kupić w postaci już ukształtowanych, większych sadzonek.

Zimna Zośka – imieniny Zofii, 15 maja, zwyczajowo uznawane są za datę ostatnich przymrozków w Europie Środkowej. Zimną Zośkę poprzedzają tak zwani zimni ogrodnicy: Pankracy (12 maja), Serwacy (13 maja) i Bonifacy (14 maja). Ludowa mądrość okazuje się naukowo uzasadniona. Obserwatorium Astronomiczne Uniwersytetu Jagiellońskiego prowadziło obserwacje w latach 1881–1980. W 95 latach podczas tych niemal stuletnich obserwacji zaobserwowano znaczące ochłodzenie między 1 a 25 maja, w tym największe prawdopodobieństwo ochłodzenia (aż 34 procent) przypadało na dni 10–17 maja. Wiadomo, że w kolejnych latach dni silnego ochłodzenia mogą się przesuwać. Niemniej możemy się ich spodziewać mniej więcej w połowie maja. Dobrze jest obserwować lokalne prognozy i sprawdzać, czy w danym roku zimni ogrodnicy także przyniosą chłody.

4 Podstawy pielęgnacji

Większość roślin potrzebuje do życia dwóch rzeczy – wody i słońca. Trzeba tylko odpowiednio im je dawkować.

Ze słońcem sprawa będzie prosta, jeśli tylko dobrze dobierzemy rośliny do stanowiska uprawy. Te, które lubią go więcej, postawimy w miejscach dobrze nasłonecznionych, a te, które za nim nie przepadają, umieścimy w cieniu. Tak jak pisałam wcześniej, można niekiedy te zasady nagiąć, ale cały czas trzeba rośliny obserwować i sprawdzać, jak sobie z tym radzą.

Jeśli chodzi o wodę, to z reguły lepiej lekko ziemię przesuszyć, niż roślinę przelać. Aby ułatwić sobie sprawę z podlewaniem, warto zapewnić roślinom dobry drenaż na dnie doniczki.

Z reguły wystarczy 3–5 cm takiej warstwy, w zależności od wysokości doniczki – im wyższa doniczka, tym grubsza warstwa drenażu. Do tego warto zapewnić wodzie odpływ w postaci otworów w dnie donicy. Większość pojemników ma już przygotowane takie otwory lub wyraźnie oznaczone miejsca, gdzie można je zrobić. W miarę możliwości zachęcam do wykonywania tych otworów, ponieważ jest to dla nas (i dla naszych roślin) dodatkowe zabezpieczenie przed przelaniem. Aby wraz z wodą nie wyciekała ziemia, pod doniczką wystarczy umieścić podstawkę. Taki zestaw – doniczka z odpowiednią warstwą drenażu i otworami odpływowymi oraz podstawka – to już prawie połowa sukcesu.

Drenaż to nic innego jak bardzo przepuszczalna warstwa podłoża, która w przypadku przyjęcia przez roślinę zbyt dużej ilości wody pozwoli tę wodę odprowadzić. Dzięki temu zmniejszy się ryzyko, że korzenie zgniją od zbyt dużej wilgoci. Ja jako drenaż z reguły wykorzystuję keramzyt (do kupienia w większości marketów budowlanych na działach ogrodniczych). Są to małe (o średnicy 1–2 cm) kulki w kolorze szarobrązowym. Są bardzo lekkie i bardzo przepuszczalne, idealnie więc nadają się na drenaż. Możemy jednak w tym celu wykorzystać również kamienie, żwir lub fragmenty potłuczonych doniczek czy kafli. Drenaż układamy na dnie doniczki, zanim wsypiemy do niej ziemię.

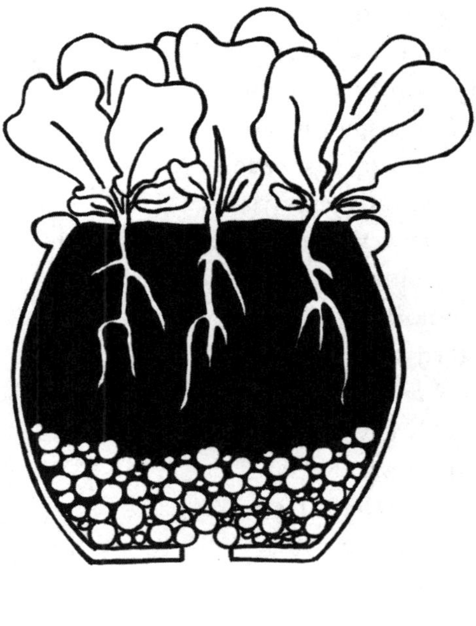

Częstotliwość, z jaką powinniśmy podlewać rośliny, zależy od wielu czynników. Nie da się tego dokładnie wyliczyć ze względu na:

- **Rodzaj podłoża**
Na rynku dostępnych jest wiele rodzajów podłoża do roślin, a do tego co roku producenci przygotowują jakieś nowości. Co więcej, każdy może kupić kilka różnych rodzajów podłoża i przygotować własną mieszankę. W zależności od składu niektóre będą tracić wodę szybciej, inne wolniej. Z reguły prędzej wysychają podłoża bardziej przepuszczalne, czyli takie z dodatkiem na przykład piasku lub styropianu. Natomiast te, które składają się tylko z mieszanki torfów, będą utrzymywać wilgoć dłużej. Można też kupić substancje dodawane do ziemi (np. hydrożel) które pomagają tę wilgoć zatrzymać. Do tego wszystkiego jeszcze poszczególne gatunki mają zróżnicowane wymagania – jedne „piją" więcej wody, inne mniej.

- **Rodzaj pojemnika**
Sadzić można we wszystkim, do czego da się wsypać ziemię. Internet jest pełen inspiracji, tak że czasem odnoszę wrażenie, iż im mniej dany pojemnik jest związany z ogrodnictwem, tym lepiej! Filiżanki, butelki, walizki, palety – lista możliwości ograniczona jest jedynie naszą wyobraźnią. Warto jednak pamiętać, że każdy z tych materiałów ma inną przepuszczalność. Na przykład cienki plastik może sprawiać, że ziemia

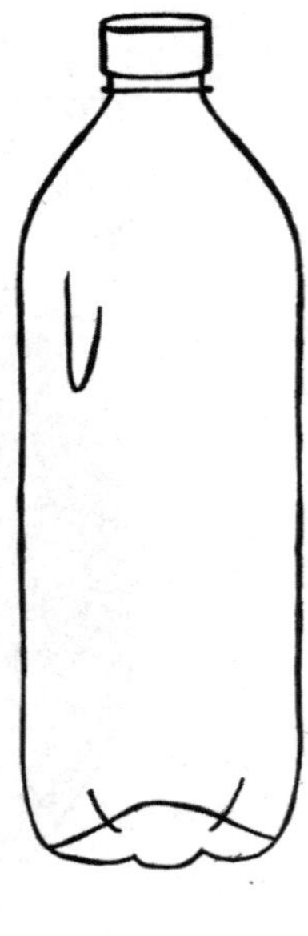

będzie wysychać szybciej niż w metalowej osłonce. Z kolei w pojemnikach ceramicznych wszystko zależy od tego, czy są emaliowane, czy nie. Te niczym niepomalowane będą oddychać i tym samym oddawać wilgoć szybciej, a zewnętrzna emalia będzie ten proces spowalniać.

- **Stanowisko**

To już chyba najważniejsza sprawa – im więcej słońca i wiatru, tym szybciej ziemia będzie wysychać. Na stanowiskach osłoniętych od wiatru i zacienionych wilgoć utrzymuje się dłużej.

Często nawet te same rośliny posadzone w identycznych doniczkach na jednym balkonie będą potrzebowały nieco innej ilości wody. U mnie właśnie tak się dzieje – mam dziesięć identycznych doniczek i we wszystkich rosną pomidory. Nie jestem jednak w stanie zapewnić im identycznych warunków – jedne stoją pod barierką, inne pod ścianą, niektóre mają ciut więcej słońca, a pozostałe odrobinę mniej. Część z nich jest bardziej narażona na opady deszczu. Podczas rutynowej rundy podlewania od razu widzę, w których doniczkach ziemia jest bardziej przesuszona, a w których mniej. Jeśli nie jesteście w stanie tego ocenić „na oko", wystarczy włożyć palec do ziemi. Jeśli na głębokości 2–3 cm ziemia jest wilgotna, to nie trzeba rośliny podlewać. I odwrotnie, jeśli okaże się sucha, nawadniamy. Grunt to się nie zniechęcać: z czasem nauczycie się rozpoznawać wymagania własnych roślin.

Ostatnia sprawa dotycząca pielęgnacji to nawozy. Wszystkie rośliny, które wydają owoce (pomidory, truskawki, poziomki, papryki, borówki itp.) uprawiane w pojemnikach wymagają dodatkowego nawożenia. Nie jesteśmy po prostu w stanie dostarczyć im w inny sposób potrzebnych substancji mineralnych. Nawet jeśli kupimy podłoże z nawozem startowym, to z reguły wystarcza on na kilka miesięcy, ale od daty produkcji, a nie posadzenia roślin.

Nawozy można kupić gotowe lub przygotować samemu. Idealnie jest zaopatrzyć się w nawóz przeznaczony konkretnie do danych roślin – inny do pomidorów, a inny do truskawek czy borówek amerykańskich, gdyż każda z tych roślin ma nieco odmienne wymagania. Taki dobór nawozów pozwoli właściwie dopasować odżywianie i ochronę roślin, co przełoży się na ich zdrowie i plony. Jako że na potrzeby domowych upraw ciężko jest zużyć wielkie butle nawozów dostępne w sklepach, wielu miejskich ogrodników decyduje się na korzystanie z nawozów uniwersalnych i stosowanie ich do wszystkich roślin. Należy mieć świadomość, że wówczas plony mogą być odrobinę uboższe. Nie ma jedynej słusznej drogi – trzeba eksperymentować i sprawdzać, co najlepiej zadziała na naszym balkonie.

Osobiście polecam nawozy rozpuszczalne w wodzie, gdyż najłatwiej je dozować. Przy uprawach doniczkowych ciężko jest zapewnić optymalny rozkład nawozu w granulkach czy pałeczkach. Zawsze trzeba przestrzegać instrukcji zamieszczonej na opakowaniu, choć warto odrobinę zmniejszyć dawki, gdyż większość instrukcji dotyczy upraw polowych, nie pojemnikowych, gdzie woda i obecne w niej substancje mineralne nie napotykają ograniczeń w postaci donic. Zbyt intensywne nawożenie może sprawić, że owoce, na przykład pomidory, będą po prostu niesmaczne. Z reguły w wyniku przenawożenia pojawia się gorzki smak i bardzo gruba skórka.

Podsumowując, nawożenie jest bardzo ważne, jednak należy zachować w nim umiar.

Uwaga:
warzyw korzeniowych i liściastych oraz ziół nie nawozimy wcale.

5 | Ogród w mieszkaniu

Balkon nie jest konieczny, aby uprawiać rośliny jadalne. Większość ziół poradzi sobie wyśmienicie na parapetach w mieszkaniu. Co więcej, w ten sposób można je uprawiać przez cały rok! Obowiązują te same zasady, jeśli chodzi o oświetlenie stanowiska – inne rośliny stawiamy w miejscach, gdzie przez minimum sześć godzin operuje słońce, a inne w zacienionych.

Na parapetach można też śmiało uprawiać wszelkie warzywa liściaste: sałatę, rukolę, roszponkę, szpinak na listki. A także z powodzeniem wysiewać kiełki, w tym nieco zapomnianą rzeżuchę, o której przypominamy sobie zwykle przed Wielkanocą, a przecież można ją jeść przez cały rok. Inną świetną rośliną jadalną do uprawy w mieszkaniu jest przywoływana już papryczka chili. Lubi wysokie temperatury i będzie się idealnie czuć na słonecznym parapecie – prawie jak w szklarni! Na rynku dostępnych jest mnóstwo odmian tej rośliny, więc parapet z doniczkami z chili może być niezwykle kolorowy i ozdobny.

Co ambitniejsi mogą również w mieszkaniu uprawiać pomidory koktajlowe. Tutaj sekret tkwi w odpowiednim doborze odmian, takich, które nie rosną zbyt wysoko. Chyba że mamy spory kawałek nasłonecznionej podłogi w wysokim mieszkaniu – wtedy możemy również sięgnąć po odmiany dorastające do 2–3 metrów! Potem kwestia ustawienia donic i *voilà*! Świeże pomidorki z parapetu.

Krzysztof, kolejny czytelnik bloga, uprawia kilka odmian pomidorów i chili, właśnie w ten sposób wykorzystując parapety nie tylko u siebie w mieszkaniu, ale także w pracy. Wspomina również, że co roku lubi mieć na parapecie jeszcze inne ciekawe rośliny jadalne, takie jak kiwano, fasolnik czy imbir. Andrzej z kolei na swoim parapecie ma już trzyletnią ostrą odmianę peperoncino. Teoretycznie papryczki chili są w naszym klimacie jednoroczne, ale – jak widać – na parapecie mogą zimować i być uprawiane przez kilka sezonów. Obok peperoncino u Andrzeja rośnie jeszcze druga ostra odmiana piri-piri i liść laurowy. Tak samo jak u Krzysztofa u Andrzeja znajdziemy próbnie zasadzony imbir oraz szałwię hiszpańską (chia). Swoją drogą, ostatnią z wymienionych można wysiać przy użyciu nasion, jakie kupujemy do konsumpcji, podobnie jak na przykład kolendrę. Chcieć to móc!

Co więcej, taka domowa uprawa może mieć też swoje zalety. Rośliny, które nie są wystawione na działanie czynników zewnętrznych, rzadziej będą atakowane przez patogeny wywołujące choroby czy przez szkodniki. Częsta choroba pomidorów, zaraza ziemniaczana, czy wszechobecne mszyce mogą do nas trafić z wiatrem. Za szybą okienną w mieszkaniu nasze sadzonki będą bezpieczniejsze.

6 | Niezbędnik, czyli czego nam potrzeba, by zacząć

Do uprawy roślin jadalnych nie potrzebujemy wiele, choć wyposażenie sklepów ogrodniczych zdaje się przeczyć temu stwierdzeniu. Łatwo jest wpaść w pułapkę kompletowania wyprawki dla naszego balkonowego przychówku, podczas gdy tak naprawdę wystarczą nam pojemniki, podłoże i sadzonki lub nasiona. Wodę każdy z nas w domu ma.

Pojemniki

Jak już wspomniałam, sadzić można w zasadzie we wszystkim, do czego da się nasypać ziemi. Sklepy oferują szeroką gamę pojemników we wszelkich kształtach i kolorach. O ile przy ich wyborze bardzo ważne jest nasze poczucie estetyki (doniczki muszą nam się podobać), o tyle warto od razu – właśnie na etapie wyboru – zastanowić się, jak rozsadzimy w nich rośliny. Liczy się przede wszystkim rozmiar donic, ich głębokość i objętość.

• Plastik

To chyba najpopularniejszy materiał do wyrobu donic. Pojemniki wykonane z plastiku są bardzo łatwo dostępne – kupimy je praktycznie w każdym sklepie z działem ogrodniczym. Są przy tym tanie i występują w licznych barwach, kształtach i rozmiarach. Powtarzające się kolory i faktury donic stworzą harmonijną kompozycję, co pozwoli nam zagospodarować przestrzeń w estetyczny sposób. Doniczki sprzedawane są często w komplecie z podstawkami, więc nie musimy się martwić o otwory odpływowe w dnie. Dodatkową zaletą jest to, że są bardzo lekkie. Nie ma więc obawy, że ustawiając wiele pojemników, przekroczymy nośność naszego balkonu i stworzymy zagrożenie budowlane. Natomiast niewielka ich waga może być wadą podczas silnych wiatrów, ponieważ małe doniczki mogą się zwyczajnie poprzewracać (nie potłuką się jednak przy tym tak jak donice gliniane czy ceramiczne). Wadą pojemników plastikowych jest również to, że podłoże dość szybko wysycha ze względu na cienkie ścianki, zwłaszcza jeśli nasze rośliny uprawiamy na słonecznym, wietrznym stanowisku. Warto jednak pamiętać, że dla niektórych roślin może się to okazać zaletą. Tymczasem zimą donica o cienkich ściankach, w której roślina przebywa zimą na balkonie, będzie wymagać dodatkowego otulenia w celu zabezpieczenia przed niskimi temperaturami.

Osobiście bardzo lubię ten materiał, gdyż jest także łatwy w utrzymaniu. Wystarczy gąbka, woda i mydło ogrodnicze i wszystkie donice można łatwo wyczyścić. Jest to materiał stosunkowo trwały – pojemniki plastikowe posłużą nam przez wiele lat, nie zmieniając kształtu ani koloru. I jest jeszcze jedna zaleta niskiej ceny pojemników – można je wymieniać na inne bez dużej straty dla portfela, zapewniając sobie miłą odmianę w wyglądzie balkonu.

Dostępne są również plastikowe donice z automatycznym systemem nawadniania.

- **Ceramika**

Ceramika to chyba najbardziej ozdobny ze wszystkich materiałów, ale również najdroższy. Ze względu na cenę sama z reguły wybieram ceramiczne donice, gdy przygotowuję roślinę na prezent. Gdybym miała wszystkie balkonowe doniczki wymienić na ceramiczne, ich koszt byłby po prostu zbyt wysoki.

Dużą ich zaletą, oprócz wyglądu, jest to, że ziemia nie wysycha w nich tak szybko jak w plastikowych. Są również cięższe, więc mogą się lepiej sprawdzić, gdy wieje silny wiatr. Jednak w momencie upadku istnieje duże ryzyko, że doniczka się potłucze, szczególnie jeśli na balkonie mamy posadzkę wyłożoną glazurą. Można ją wówczas próbować skleić albo wykorzystać odłamki jako drenaż umieszczany na dnie innych pojemników.

Mimo to donice ceramiczne są generalnie bardzo trwałe i mogą nam służyć przez wiele lat. Jeśli chcielibyśmy mieć wszystkie pojemniki ceramiczne w jednym stylu, wybór jest bardziej ograniczony niż w przypadku plastikowych. W danej serii znajdziemy zazwyczaj jedynie kilka ceramicznych donic różniących się przede wszystkim średnicą i wysokością.

- **Glina**

W moim odczuciu jest to drugi najpopularniejszy rodzaj pojemników na rośliny, zaraz po donicach plastikowych.

Jeśli chodzi o koszt takich donic, są one droższe od plastikowych, ale tańsze od ceramicznych. W sklepach możemy znaleźć zarówno wersje emaliowane, jak i surowe. Oprócz wyglądu różnią się one przepuszczalnością wilgoci. Glina to naturalny materiał, który oddycha – co może być albo wadą, albo zaletą – oddycha, czyli wyprowadza wilgoć z wnętrza doniczki, z podłoża, na zewnątrz. Zewnętrzna warstwa emalii sprawia, że wilgoć w środku będzie się dłużej utrzymywać. Pomaga w tym również namoczenie donic przed posadzeniem w nich roślin.

Donice gliniane są tak samo ciężkie jak ceramiczne i tak samo kruche. Natomiast starzeją się w inny, naturalny sposób – mogą zmieniać kolor lub porastać mchem. Czy będzie to dla nas wada, czy zaleta, to już zależy wyłącznie od indywidualnego poczucia estetyki.

Większość donic glinianych dostępnych w sklepach ma już gotowe otwory odpływowe oraz podstawki do kompletu. Pojemniki gliniane, tak samo jak ceramiczne, lepiej się sprawdzą w przypadku roślin wieloletnich, które będą zimować na balkonie. Grube ścianki donicy dla większości powinny się okazać wystarczającym zabezpieczeniem przed niskimi temperaturami.

- **Drewno**

W sklepach dostępne są drewniane donice z foliowym lub plastikowym wkładem (bądź bez niego). Jeśli kupimy donicę bez takiego wkładu, polecam zakupienie grubej czarnej folii (np. przeznaczonej do wykładania oczek wodnych) i przymocowanie jej wewnątrz donicy przy użyciu zszywacza tapicerskiego lub gwoździ. Pomoże nam to uchronić donicę przed zniszczeniem jej wewnętrznej części.

Drewniane donice są z reguły dużo większe niż te opisane wyżej. Często stosuje się je do hodowli większej liczby różnych roślin w uprawie współrzędnej, czyli takiej, która pozwala na hodowanie więcej niż jednego gatunku w jednym pojemniku. Są również sporo droższe niż te omówione wcześniej oraz trudniejsze w pielęgnacji. Drewno wymaga regularnego oczyszczania i malowania, jednak odwdzięczy się nam za to naturalnym pięknem i trwałością. Istotne przy dużych drewnianych donicach na balkonie jest zapewnienie odpływu wody. Zazwyczaj stawia się je na niewielkich, jedno- lub dwucentymetrowych nóżkach i pozwala wodzie spływać pod donicę. Kiedy taki pojemnik stoi w ogrodzie, nie jest to problemem, natomiast w bloku woda z ziemią będzie spływać na płytki, brudząc i nasz balkon, i te znajdujące się na niższych kondygnacjach. Aby temu zapobiec, można pominąć otwory odpływowe i zastąpić je grubszą warstwą drenażu. Ryzykujemy jednak wtedy przelanie naszych upraw, szczególnie w razie obfitych opadów deszczu.

Warto również pamiętać, że drewniane donice, głównie ze względu na swój rozmiar, są bardzo ciężkie. Nie nadają się do przesuwania po balkonie – dlatego gdy raz wybierzemy im miejsce, to dobrze by było, żeby tam już zostały. Nie ma natomiast ryzyka, że wiatr je poprzewraca.

Jeśli marzy się wam jedna duża skrzynia z uprawami, drewniana donica sprawdzi się znakomicie.

- **Osłonki**

Kolejną opcją jest zakup plastikowych doniczek produkcyjnych i dokupienie do nich ozdobnych osłonek. Osłonki – tak samo jak donice – są wykonane w różnych materiałów, takich jak plastik, ceramika, drewno, a także metal, wiklina czy szkło. Jest to rozwiązanie o tyle wygodne, że zamiast podkładki na nadmiar wody możemy wykorzystać osłonkę. Musimy jedynie pamiętać o tym, by często sprawdzać jej zawartość i upewniać się, że doniczka zasadnicza z rośliną nie stoi bez przerwy w wodzie.

- **Inne pojemniki**

Do wysiewu nasion i produkcji rozsady możemy wykorzystać plastikowe kubeczki po jogurtach czy innych przetworach mlecznych. Te większe mogą służyć nawet jako docelowe doniczki na zioła. Sprawdzą się też plastikowe butelki po wodzie czy innych napojach.

Warto jednak je pomalować lub okleić, aby delikatne korzenie roślin nie były wystawione bezpośrednio na działanie promieni słonecznych, które mogłyby je uszkodzić. Za donice mogą nam również posłużyć kartony po mleku, filiżanki, nieużywane garnki, słoiki, puszki, a nawet walizki, buty czy inne przedmioty codziennego użytku. Ważne, aby dobrze je dobrać do konkretnej rośliny.

Podłoże

Wybór ziemi w sklepie ogrodniczym czy markecie budowlanym jeszcze kilka lat temu był prostą sprawą. Znajdowało się tam zaledwie kilka różnych produktów, dzięki czemu mogłam szybko przeczytać ich skład, wybrać odpowiedni i iść z nim do kasy. Dziś mamy osobne podłoże do ziół, osobne do warzyw, a jeszcze inne do borówek amerykańskich. Do tego ziemia do róż, do iglaków... Lista zdaje się nie mieć końca. Jedne ekologiczne, inne z nawozem startowym, jeszcze inne z dodatkiem hydrożelu. Samo przejście między tymi wszystkim paletami zajmuje co najmniej kilkanaście minut. W moim przypadku zazwyczaj kończy się na tym, że wybieram jedną z najtańszych mieszanek torfowych, dokładam worek piasku i idę do kasy.

W swoich poszukiwaniach idealnego podłoża chciałabym zobaczyć mieszankę torfów (wysokiego i niskiego) z dodatkiem piasku, bez nawozów startowych. Niestety w ostatnich latach nie udało mi się znaleźć niczego takiego w rozsądnej cenie.

Dlaczego właśnie na takim podłożu mi zależy? Cóż – dobrze sprawdzi się i do ziół, i do warzyw. Zioła nie potrzebują nawożenia, stąd dodatek nawozu jest zbędny. Pomidory i papryki natomiast i tak potrzebują więcej składników odżywczych, więc nawóz startowy zwyczajnie nie wystarczy. Mieszanka torfów jest klasyczną bazą ziemi i znajdziemy ją w prawie wszystkich gotowych rodzajach podłoża. Pożądany jest dodatek piasku, który zwiększa przepuszczalność podłoża – niezwykle ważny czynnik w przypadku roślin jadalnych.

Dzięki temu do ich korzeni dociera więcej tlenu, a woda nie zalega w doniczce.

Jeśli nie znajdziecie mieszanki z dodatkiem piasku, to bez problemu kupicie go osobno. Wystarczy garść piasku na doniczkę, aby dość mocno zwiększyć przepuszczalność podłoża.

Jako dodatkową korzyść warto rozważyć zawartość hydrożelu w podłożu. Można go kupić osobno i dodać do naszej mieszanki albo szukać takiej, w której już się znajduje. Z reguły bardziej opłaca się go kupić osobno, choćby przez Internet. Hydrożel wiąże wodę w podłożu i powoli ją uwalnia. Rośliny posadzone w takiej mieszance są bardziej odporne na przesuszenia i wymagają rzadszego podlewania.

Dla przypomnienia: zawsze pamiętajmy jednak o umieszczeniu warstwy drenażu na spodzie donicy oraz – w miarę możliwości – o zapewnieniu otworów odpływowych w jej dnie.

Sadzonki

Wybór dobrej sadzonki to podstawa sukcesu. Coraz więcej miejsc prowadzi sprzedaż sadzonek ziół, warzyw i owoców. Niestety tam gdzie ta sprzedaż jest masowa (np. w marketach budowlanych), często można nabyć sadzonki chore lub ze szkodnikami. Nie oznacza to, że w tych miejscach nie kupicie dobrych sadzonek – trzeba je po prostu dokładnie obejrzeć, zanim ruszycie do kasy.

Jeśli macie taką możliwość, polecam poszukanie sadzonek na lokalnych targach lub u miejscowych ogrodników. Tam z reguły znajdziecie ładniejsze i zdrowsze rośliny. Dowiecie się często również, w jaki sposób były do tej pory uprawiane i jak je pielęgnować.

Coraz popularniejsze są sklepy internetowe oferujące całą gamę ziół, warzyw i owoców. Tutaj warto wybierać sprawdzone miejsca z pozytywnymi opiniami, gdyż o ile wybór jest ogromny, o tyle jednak musimy dokonać zakupu w ciemno, a sadzonki obejrzymy, dopiero gdy dostarczy nam je kurier.

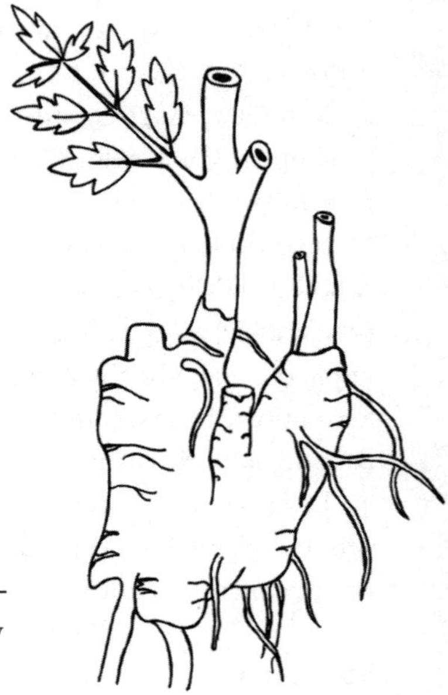

Bezsprzecznie najlepszym źródłem sadzonek są inni ogrodnicy. Jak już wspominałam, roślinami można się wymieniać czy też oddawać je za darmo w razie nadwyżek. Ponadto większość roślin da się rozmnożyć czy to przez pobranie sadzonek wierzchołkowych, czy przez podział kępy. Jeśli więc podoba się wam mięta u znajomego na balkonie, wystarczy kilka mniej więcej dziesięciocentymetrowych pędów, aby stworzyć własną sadzonkę.

Obojętnie, z jakiego źródła będą pochodziły wasze rośliny, ważne, aby były zdrowe i rozrośnięte. Liście mają być ładnie wybarwione, odpowiednio do gatunku. Nie mogą nosić śladów choroby czy szkodników. Bryła korzeniowa powinna być pokaźna oraz wilgotna. Zbyt mokra czy przesuszona ziemia to znak, że dotychczasowa pielęgnacja rośliny nie była prawidłowa.

Tak jak wspominałam wcześniej, dużo lepiej poświęcić chwilę na dokładne obejrzenie sadzonek i wybrać najzdrowszą spośród nich, niż potem walczyć z chorobami i szkodnikami na własnym balkonie.

Nasiona

Najłatwiej zaopatrzyć się w nasiona w sklepach. Nie ma znaczenia, gdzie je kupimy, gdyż wszędzie dostaniemy towar tych samych producentów. Dla przypomnienia, zwracajcie uwagę na daty ważności – im dłuższa, tym lepiej. Nasiona powinny mieć maksymalnie 2–3 lata, ale najlepsze będą takie zebrane sezon wcześniej. Na szczęście nie ma ryzyka, że z gorszych nasion wyrośnie nam roślina chora czy zniekształcona. Jedyną reperkusją użycia nasion starych lub słabej jakości jest ich niska kiełkowalność. Mogą być też bardziej podatne na choroby grzybowe, ale tutaj powinno pomóc ich zaprawianie (o zaprawianiu nasion przeczytacie w rozdziale poświęconym zabezpieczaniu rozsady). Jeśli nie macie pewności, na ile świeże są posiadane przez was nasiona, warto na początek wykonać test kiełkowalności. Na wilgotny wacik kosmetyczny wyłóżcie kilka lub kilkanaście nasion, połóżcie całość na talerzyku i zostawcie w ciepłym miejscu, na przykład w łazience. Po paru dniach lub tygodniach (zależnie od czasu kiełkowania testowanych nasion) sprawdźcie, ile z nich wykiełkowało. Dobrej jakości nasiona powinny wykiełkować w około 90 procentach. Średnie, ale nadające się jeszcze do wysiewu – w około 50 procentach. Jeśli kiełków będzie 20 procent lub mniej, to na waszym miejscu wolałabym nasiona wyrzucić i zaopatrzyć się w świeże. Chyba że jest to odmiana, na której bardzo wam zależy – wtedy możecie próbować, ale mając świadomość, że wasze starania mogą pójść na marne.

Nasiona można również pozyskiwać z własnych upraw lub od znajomych. Warto być jednak świadomym tego, że nie zawsze wyhodowane z nich sadzonki powtórzą cechy rośliny, z której zostały pobrane. Szczególnie jeśli były wysiewane z odmian tzw. F1 (informacja na ten temat powinna się znaleźć na opakowaniu nasion).

F1 są to wysokiej jakości wyselekcjonowane nasiona mieszańców, krzyżowanych w celu zwiększenia ich pozytywnych cech, na przykład bogactwa plonów czy odporności na choroby. Niestety cechy te są obecne jedynie w pierwszym pokoleniu, dlatego nie zaleca się pozyskiwania z nich nasion.

Niemniej zachęcam do zbierania własnych nasion. Zyskujemy dzięki temu pewną dozę samowystarczalności i nie musimy ponownie szukać sadzonek czy nasion w kolejnych sezonach.

Popularnym sposobem są również różnego rodzaju wymiany. Organizuje się lokalne akcje wymiany nasion, tak samo jak wymiany sadzonek, a także wymiany internetowe. Bodajże największa z nich, przeprowadzana co roku na najpopularniejszym polskim internetowym forum ogrodniczym, liczy sobie już kilka lat. Można na niej znaleźć ciekawe odmiany różnych roślin jadalnych oraz ozdobnych, oferowane bezpośrednio przez forumowiczów.

7 | Najczęściej popełniane błędy

Kiedy poznaję nową osobę i z rozmowy wynika, że zajmuję się między innymi ogrodnictwem balkonowym, niemal zawsze słyszę to samo pytanie: „Czemu umarła mi bazylia?". W pewnym momencie zaczęłam sobie żartować, że może po przedstawieniu się nowym znajomym powinnam od razu przechodzić do rad dotyczących uprawy bazylii!

Okazuje się, że wielu początkujących ogrodników popełnia na starcie podobne pomyłki. Myślę, że warto napisać o tym parę słów, bo o ile na swoich błędach człowiek uczy się najskuteczniej, o tyle warto też uczyć się na błędach innych.

Co nagle, to po diable

Zima ma to do siebie, że lubi się nam dłużyć. Szybko robi się ciemno, brakuje nam słońca i ciepła, za oknem wciąż szaro. W styczniu bardzo tęsknimy za wiosną. Niektórzy tak bardzo są jej spragnieni, że już wtedy zaczynają swoje wysiewy. I tak naprawdę nie ma w tym nic złego, jeśli spełniony jest przynajmniej jeden z dwóch warunków:

- Wysiewamy roślinę, której termin siewu przypada właśnie na styczeń.
- Mocno doświetlamy i dogrzewamy siewki, które teoretycznie powinny zostać wysiane później, na przykład w połowie marca.

Niestety często jest tak, że w pogoni za wiosną rozpoczynamy przedwczesny wysiew pomidorów i po prostu wystawiamy je na słoneczny parapet. Główny problem polega na tym, że siewki bardzo potrzebują słońca i wysokich temperatur. Jeśli sztucznie ich nie doświetlimy i nie dogrzejemy, to samo naturalne słońce w tym okresie po prostu im nie wystarczy. W efekcie uzyskamy bardzo długie, wątłe sadzonki, które będą się wyciągać do góry w poszukiwaniu promieni słonecznych. Przez to będą nie tylko się kłaść i łamać, ale również okażą się bardziej podatne na choroby, w tym zgorzel siewek (jak ustrzec się przed tą chorobą, wyjaśniam na stronie 89).

Nie twierdzę, że absolutnie nie można przyspieszać wysiewów. Po prostu jeśli to robimy, bądźmy świadomi potrzeb młodych roślin – przede wszystkim konieczności ich doświetlenia i dogrzania. Jeżeli jednak nie ma możliwości zapewnienia im tego, jako remedium na rozpaczliwą tęsknotę za wiosną polecam niezawodną rzeżuchę, której żadne warunki niestraszne!

Kto późno przychodzi, sam sobie szkodzi

O ile jedni sieją za wcześnie, o tyle inni tak skupiają się na rozmaitych wiosennych przyjemnościach, że rozpoczynają wysiewy za późno. Aby przekonać się, jakie to może mieć konsekwencje, wróćmy do przykładu pomidorów. Jeśli zależy nam na tym, aby zdążyły wydać plony – a zakładam, że właśnie w tym celu chcemy je uprawiać – to okienko wysiewu zamyka się mniej więcej w połowie kwietnia. Wysiewając nasiona po tym terminie, drastycznie zmniejszamy swoją szansę na uzyskanie dojrzałych pomidorów. Teoretycznie nie wszystko stracone: wiele zależy od tego, jakie warunki będą panowały jesienią danego roku. Jeśli okaże się ciepła i słoneczna, nasze pomidory mają szansę dojrzeć. Jednak jeśli przymrozki przyjdą wcześniej, to niestety na pomidory z balkonu nie ma co liczyć. Jeżeli zatem chcecie siać, choć termin na wysiew danej rośliny już dawno minął, musicie pogodzić się z myślą, że będzie to bardziej rozrywka dla samej uprawy niż szansa na zbiór plonów.

Za mało słońca

Ten punkt trochę łączy się ze zbyt wczesnym wysiewem. Jednak nawet jeśli siejemy o czasie, ale nie zapewnimy siewkom wystarczającej ilości światła, pojawią się te same problemy – rośliny zaczną się

wyciągać, kłaść i chorować. Dlatego bardzo ważne jest stworzenie im optymalnych warunków, szczególnie w momencie wysiewu.

Sadzonki marnej jakości

Gdy znów słyszę nieśmiertelne pytanie o bazylię, w pierwszej kolejności pytam o pochodzenie sadzonki. Okazuje się, że zazwyczaj pytający zakupili ją w markecie, zapakowaną w folię i sprzedawaną na dziale warzywnym. To niestety prosty przepis na porażkę. Jak wspominałam wcześniej, takie zioła produkowane są w sposób, który pozwala stworzyć jak najładniejszą sadzonkę w jak najkrótszym czasie. Jeśli przyjrzycie się takiej bazylii, na pewno zauważycie, że nie jest to jedna sadzonka, ale kilkanaście wysokich roślin, upchniętych w bardzo małym pojemniku. Jeśli chcemy, aby taka bazylia została z nami na dłużej, musimy o nią zadbać zupełnie inaczej, niż dbamy o pozostałe rośliny w mieszkaniu. A często nawet pomimo wytężonych starań taka bazylia i tak nie przetrwa sezonu. Tak samo źle może się dla nas skończyć kupno sadzonki zarażonej chorobą czy szkodnikami. Jak pisałam wcześniej, wybór dobrej sadzonki ma ogromny wpływ na powodzenie naszych upraw.

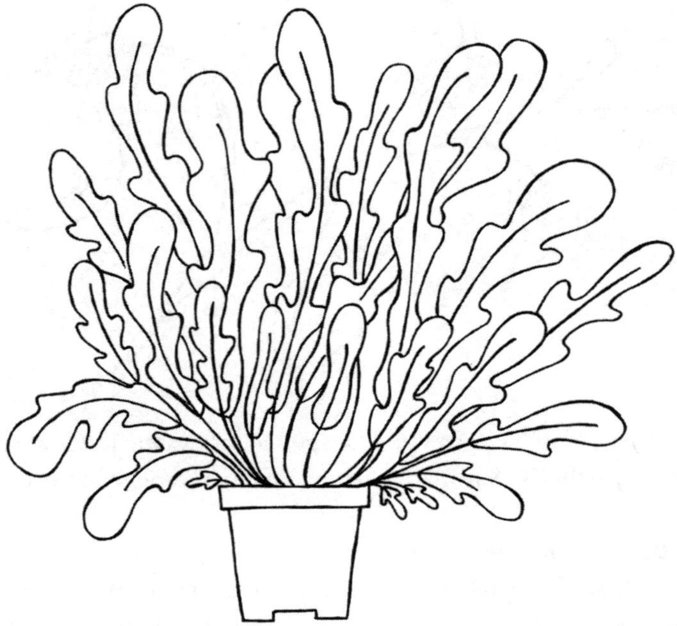

Nadmiar: za gęsto, za dużo

O tej kwestii też już wspominałam. I sama znam ten problem z autopsji. Wprawdzie od przybytku głowa nie boli, ale od nadmiaru może, a wybór roślin jest ogromny i często naprawdę ciężko zdecydować się na jedynie kilka odmian. Kończymy więc z kilkunastoma roślinami w koszyku i dopiero potem zastanawiamy się, jak upchnąć całą tę dżunglę na balkonie.

Jeszcze gorzej sytuacja wygląda w momencie wysiewu. Głównym problemem jest to, że początkujący ogrodnicy bardzo często wysiewają nasiona za gęsto. Zdarza się, że wysypują pół opakowania nasion bazylii czy pomidora do jednej małej doniczki. Tak posiane nasiona wykiełkują, ale nie będą miały wystarczającej przestrzeni, aby się rozwijać. Co więcej, taki mały zielony gąszcz sprzyja rozwojowi chorób grzybowych, ponieważ właściwa wentylacja nie jest możliwa. Zachowanie odpowiednich odstępów pomiędzy nasionami jest bardzo ważne. Odstępy będą inne dla każdego gatunku, ale dobrą podpowiedzią jest rozmiar nasiona – im jest ono większe, tym większe powinny być przerwy między nimi. Dodatkowo, kiedy radośnie wkładamy do ziemi nasionka, nie zawsze zdajemy sobie sprawę, że z każdego ziarenka może nam wyrosnąć nawet dwumetrowy krzak, jak w przypadku pomidorów. Oczywiście nadwyżki można rozdać, a najwątlejsze sadzonki po prostu wyrzucić, ale... nierzadko kończy się tak, że staramy się posadzić u siebie wszystko, co nam wyrosło. I nie ma w tym niczego złego, pod warunkiem że mamy na to miejsce. Niestety, zazwyczaj w takim wypadku po prostu sadzimy rośliny gęściej, a przecież każda z nich potrzebuje odpowiedniej przestrzeni! I tak przykładowo, sadząc pomidory za gęsto, uzyskamy z nich dużo mniejsze plony. Co więcej, jeśli za bardzo będą się do siebie przytulać, stworzymy idealne warunki do rozwoju różnorakich chorób grzybowych.

W ogrodzie, szczególnie tym balkonowym, tak jak w życiu – często mniej znaczy więcej. Pamiętajcie: sadzonkami zawsze można i warto się podzielić. Posłużą komuś innemu, a rośliny na naszym balkonie będą miały odpowiednią dla siebie przestrzeń.

Warzywna dżungla krok po kroku

Im bardziej angażujemy się w ogrodnictwo, tym chętniej podejmujemy się czynności trudniejszych niż jedynie zakup sadzonki i jej podstawowa pielęgnacja. W tej części postaram się omówić bardziej zaawansowane kwestie dotyczące ogrodnictwa.

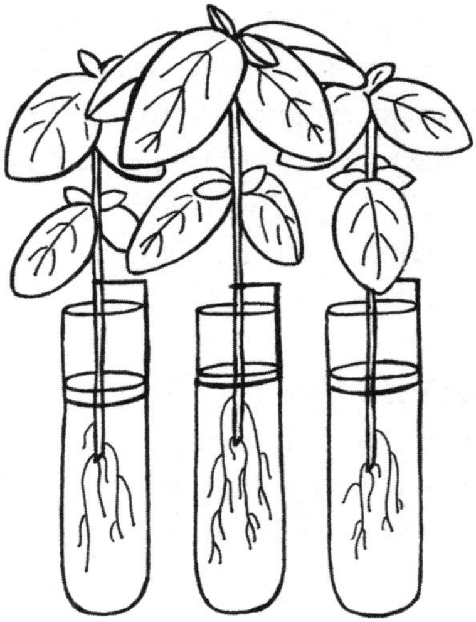

1 Produkcja rozsady

Rozsada to nic skomplikowanego, oznacza po prostu samodzielny wysiew nasion i produkcję własnych sadzonek. Zamiast zaopatrywać się w gotowe sadzonki, decydujemy się na rozpoczęcie przygody kilka miesięcy wcześniej. Ten proces nie tylko umożliwia nam obserwowanie rozwoju rośliny od samego początku, lecz także wybór ze zdecydowanie większej liczby odmian. O ile łatwo nabyć sadzonki ziół czy kilku podstawowych rodzajów pomidorów, o tyle jeśli mamy ochotę na te rzadsze, ciekawsze, warto poszukać ich nasion dostępnych na rynku.

Sam wysiew nie jest trudny, zwłaszcza jeśli stosujemy się do kilku podstawowych zasad. Najważniejsze, o czym musimy pamiętać, to czas i sumienność. Jak to w naturze, młode, w tym wypadku siewki, są dużo delikatniejsze od dorosłych roślin, ważne więc, aby ich pielęgnacja była systematyczna.

Podstawową rzeczą potrzebną do produkcji rozsady są oczywiście nasiona. O tym, na co warto zwrócić uwagę przy ich wyborze i skąd je pozyskać, pisałam już wcześniej w rozdziale *Niezbędnik...* Przypomnę jedynie, że muszą być w miarę świeże, czyli nie starsze niż 2–3 lata.

Jeśli zaopatrzyliśmy się już w nasiona roślin, które chcemy uprawiać, potrzebne nam jest jeszcze tylko podłoże oraz pojemniki do wysiewu.

Podłoże do wysiewu

W sklepach dostępne są gotowe mieszanki ziemi przeznaczone specjalnie do wysiewu nasion. Takie podłoże jest bardzo lekkie i przepuszczalne. Najczęściej w mieszance torfowej znajdziemy dodatek piasku, styropianu czy perlitu, który pomaga utrzymać odpowiedni dostęp powietrza do młodych kiełków oraz umożliwia dobre ukorzenienie się siewek. Jeśli chcemy, możemy podobną mieszankę przygotować sami. Trzeba tylko pamiętać, że ziemia do wysiewu musi być przede wszystkim wolna od patogenów – młode siewki są bardzo wrażliwe na choroby grzybowe. Jeśli nie mamy pewności odnośnie do pochodzenia danego podłoża lub tworzymy własną mieszankę na przykład na bazie ziemi z ogródka, to warto ją dodatkowo odkazić, chociażby wyparzając (wypiekając) w piekarniku. W żadnym razie nie wolno użyć ziemi, w której w poprzednim sezonie rosły rośliny zaatakowane przez choroby grzybowe, na przykład zarazę ziemniaczaną. Taką ziemię bezwzględnie należy wyrzucić.

Zamiast sypkiego podłoża można też wykorzystać krążki torfowe, które bez problemu nabędziemy w dużych marketach w dziale ogrodniczym lub w internecie. Są to sprasowane krążki odpowiednio przygotowanego podłoża do wysiewu, które pęcznieją po zamoczeniu w wodzie. Swój kształt zachowują dzięki biodegradowalnej siateczce. Dzięki temu nie musimy używać doniczek, wystarczy podstawka, na której umieścimy krążki. Potem możemy taką siewkę w całości umieścić w miejscu docelowym, bez konieczności pikowania.

Pojemniki do wysiewu

W sklepach dostępnych jest wiele rodzajów pojemników, w których możemy wysiewać nasiona. Poniżej opisuję kilka z nich:

- **Paletki do rozsad**

Inaczej zwane „wielodoniczkami". To chyba najczęstszy wybór do wysiewu, sama bardzo lubię z nich korzystać. Ich największą zaletą jest to, że zapewniają odpowiednią przestrzeń dla każdej siewki. Przy uprawie w wielodoniczkach łatwiej później rośliny przesadzić do kolejnych pojemników. Są lekkie, plastikowe i posłużą nam przez kilka sezonów.

- **Kuwety rozsadowe**

Zwykłe plastikowe tacki, podobne do paletek, jedynie bez przegródek na pojedyncze sadzonki. Sprawdzą się świetnie do rozsady warzyw, które siejemy w rzędach, na przykład sałaty.

- **Miniszklarenki**

To nic innego jak paletki lub tacki, przykryte przezroczystymi pokrywami, które zatrzymują ciepło i wilgoć. Takie pokrywki są bardzo pomocne na samym początku siewu, gdy potrzebna jest wysoka temperatura i duża wilgotność powietrza.

- **Doniczki torfowe**

Rozwiązanie pomiędzy plastikową doniczką a krążkiem torfowym. Jest to biodegradowalny pojemnik, który wypełniamy sypkim podłożem do wysiewu. Przy przesadzaniu możemy go w całości, razem z siewką, umieścić w miejscu docelowym – doniczka ulegnie wówczas rozkładowi. Rozwiązanie wygodne, aczkolwiek jednorazowe.

- **Inne pojemniki**

Do wysiewu możemy wykorzystać również wszelkie pojemniki dostępne w domu, takie jak: kubki po jogurtach czy innych przetworach mlecznych, tacki po wędlinach i serach, plastikowe pojemniki, w jakich sprzedawane są sałaty czy pieczarki, wytłaczanki po jajkach itp. W zasadzie każdy niewielki pojemnik może nam posłużyć jako miejsce wysiewu nasion. Można zrobić również własne biodegradowalne doniczki z rolek po papierze toaletowym czy gazet. Warto jednak z nimi uważać, bo są bardzo wrażliwe na pleśnienie. Natomiast do stworzenia własnych miniszklarenek możemy wykorzystać przecięte na pół plastikowe butelki.

JO
JOGUR
OGURT

Kalendarz biodynamiczny

Istnieje dość spora – i stale rosnąca – grupa ogrodników, którzy przy wysiewie oraz przy innych zabiegach pielęgnacyjnych, takich jak na przykład pikowanie, przycinanie czy zbiory, kierują się dodatkowo kalendarzem biodynamicznym. Jest to kalendarz tworzony na podstawie obserwacji nieba – szczególnie układu ciał niebieskich, takich jak Księżyc i Słońce. Zgodnie z zasadami biodynamiki przede wszystkim wstrzymujemy się od wszelkich prac ogrodniczych na jeden dzień przed nowiem oraz pełnią i jeden dzień po nich, gdyż wtedy rośliny są wyjątkowo wrażliwe.

Kiedy księżyca przybywa (od nowiu do pełni), soki roślin „idą" do góry. Dlatego jest to dobry czas na wysiew i sadzenie roślin, które owocują nad ziemią. Zebrane w tym czasie naziemne plony powinny być bardziej soczyste i lepiej się przechowywać. W tradycji ludowej zbierało się podczas pełni zioła lecznicze, gdyż wtedy ich moc była rzekomo największa. Mogło być to właśnie związane z większą ilością soków w ich naziemnych częściach.

Z kolei kiedy księżyca ubywa (od pełni do nowiu), soki roślin „idą" w dół. Wtedy też skupiamy się na pielęgnacji i zbiorach wszelkich roślin owocujących pod ziemią, na przykład marchwi. Jest to również dobry czas na wykonywanie cięcia roślin oraz wysiew nasion.

Natomiast w ostatniej kwadrze, czyli kilka dni przed nowiem, powinniśmy się wstrzymać od wszelkich prac ingerujących w korzenie roślin, w tym przesadzanie, gdyż jest to według biodynamiki czas, kiedy najsilniej się rozrastają.

Obecnie nie dysponujemy danymi naukowymi przekonującymi, czy biodynamika działa, czy też nie, jednak wieloletnie doświadczenia ogrodników zdają się potwierdzać tę teorię. Ponadto na świecie wciąż zwiększa się liczba gospodarstw stosujących metody biodynamiki. Znajdziemy nawet organizacje certyfikujące takie uprawy. Światowym liderem w tym względzie są nasi zachodni sąsiedzi. Na ponad 160 tysięcy hektarów ziemi uprawianych według zasad biodynamiki na całym świecie w Niemczech znajdziemy ich ponad 72 tysiące, co stanowi aż 45 procent. Na kolejnych miejscach znajdują się Włochy i Indie.

Kiedy najlepiej wysiewać

Tak jak pisałam przy okazji omawiania najczęstszych błędów popełnianych przez początkujących ogrodników, niezwykle ważne jest dostosowanie się do właściwego dla danej rośliny terminu wysiewu. Poszczególne gatunki mają zróżnicowane wymagania, jeśli chodzi o dostęp do światła i temperaturę, dlatego zanim cokolwiek wysiejemy, warto sprawdzić, jakich warunków będą potrzebowały wybrane przez nas odmiany.

Dla zdecydowanej większości roślin optymalny termin wysiewu to połowa marca. Jeśli chcecie to uczynić wcześniej, trzeba je dodatkowo doświetlać i ogrzewać. Pamiętajcie też o tym, że terminy siewu wyznaczane są również na podstawie rozwoju danej rośliny. Chodzi o to, żeby w momencie wysadzania na miejsce docelowe (najczęściej w połowie maja) nasza siewka zdążyła osiągnąć optymalny rozmiar. Dlatego jeśli chcemy zacząć siać na przykład pomidory już w styczniu i zapewnimy im optymalne warunki, musimy być przygotowani na to, że już na początku kwietnia będziemy w posiadaniu dość sporych krzaczków, a warunki pogodowe niekoniecznie będą sprzyjały wystawieniu ich na miejsce stałe.

Obok znajdziecie tabelę z orientacyjnymi terminami siewu przykładowych roślin jadalnych.

Nazwa rośliny	Termin wysiewu											
	I	II	III	IV	V	VI	VII	VIII	IX	X	XI	XII
bazylia			■	■	■							
cząber			■	■	■							
czosnek niedźwiedzi (z cebul)									■	■		
estragon			■	■	■							
fasola					■	■						
groszek			■	■								
jarmuż			■	■								
kminek				■	■	■						
kolendra			■	■								
koper			■	■	■	■	■					
lawenda		■	■									
lubczyk			■	■	■	■	■					
majeranek			■	■								
marchew			■	■	■							
melisa			■	■	■							
mięta			■									
mikrolistki (np. rzeżucha)	■	■	■	■	■	■	■	■	■	■	■	■
nagietek lekarski				■	■							
ogórek				■								
oregano			■	■	■							
papryka			■	■								
papryka chili		■	■									
pak choy							■	■				
poziomka		■										

Nazwa rośliny	Termin wysiewu											
	I	II	III	IV	V	VI	VII	VIII	IX	X	XI	XII
pietruszka												
pomidor												
roszponka												
rozmaryn												
rukola												
rzodkiewka												
sałaty (zależnie od odmiany)												
seler naciowy												
słonecznik												
stewia												
szałwia												
szpinak												
trawa cytrynowa												
truskawka												
trybuła												
tymianek												

2 Do dzieła: siejemy

Przed wysiewem podłoże warto zwilżyć, aby było wilgotne, ale nie mokre. Będzie wtedy lepiej chłonąć wodę z podstawki. Wypełniamy nim nasze pojemniki przeznaczone do siewu i dobrze ugniatamy. Dzięki temu wysiane nasiona będą się trzymać w jednym miejscu i nie wypłyną na wierzch podczas podlewania. Jeżeli używamy krążków torfowych, wystarczy zalać je wodą i poczekać, aż napęcznieją. Potem postępujemy tak samo jak z sypkim podłożem.

Jeśli podłoże jest już przygotowane, czas na wysiew nasion. Im drobniejsze nasiona, tym gęściej i płyciej je siejemy. Przyjmuje się, że każde ziarenko powinno się znaleźć na głębokości równej swojej trzykrotnej średnicy. Na przykład maleńkie jak ziarnka piasku nasiona oregano czy tymianku możemy siać szczyptami, mieszając je jedynie delikatnie z górną warstwą ziemi lub przysypując je cieniutką warstwą piasku. Natomiast większe nasiona pomidorów czy papryk siejemy na głębokość 0,5 cm i w odstępach 0,5–1 cm. Warto wysiać 3–4 razy tyle nasion, ile chcemy uzyskać sadzonek. Po wzejściu siewek najsłabsze okazy usuwamy i zostawiamy tylko najsilniejsze sadzonki.

Niektóre nasiona (ja tak robię na przykład z papryczkami chili) można wcześniej kiełkować na wacie. Aby to zrobić, wypełniamy tackę ubitą, wilgotną watą i kładziemy na niej nasiona, które następnie przykrywamy przezroczystą folią spożywczą – koniecznie podziurkowaną, aby umożliwić cyrkulację powietrza. Taką tackę umieszczamy w miejscu odpowiednio ciepłym, niekoniecznie słonecznym, i czekamy, aż nasiona wykiełkują. Tackę można ustawić jak najbliżej kaloryfera. W momencie kiedy kiełki mają już 2–3 mm, ale jeszcze nie zdążyły wrosnąć w watę, przenosimy je do ziemi.

3 | Pielęgnacja młodych roślin

• **Podlewanie**

Siewki wymagają regularnego, delikatnego podlewania. Podłoże powinno być stale wilgotne, ale nie mokre. W zależności od lokalnych warunków rozsada może wymagać nawadniania codziennie albo co kilka dni. Trzeba pamiętać o tym, aby zawsze lać wodę do podstawek, nigdy bezpośrednio na ziemię, gdyż w ten sposób możemy bardzo łatwo wypłukać nasiona. Alternatywnie można siewki lekko spryskiwać z góry.

• **Powietrze**

Aby młode siewki wzrastały w pełnym zdrowiu, konieczny jest dostęp powietrza. Jeśli wasze nasiona kiełkują pod folią lub pokrywką w miniszklarence, ważne jest, aby przynajmniej raz dziennie wietrzyć je przez około pół godziny. Zmniejszy to ryzyko pojawienia się pleśni i innych chorób grzybowych.

• **Ciepło i oświetlenie**

Zdecydowana większość nasion do kiełkowania potrzebuje wysokich temperatur (20–25 stopni Celsjusza) i słonecznego stanowiska. Idealnym miejscem dla siewek będzie parapet przy południowym oknie. Jeśli nie jesteście w stanie zapewnić im takiej ekspozycji, warto je dodatkowo doświetlić i dogrzać, na przykład poprzez umieszczenie nad nimi świetlówki. Dobrze sprawdzi się w tej roli lampa przeznaczona do terrarium. Ważne jest, aby takie źródło sztucznego światła umieścić jak

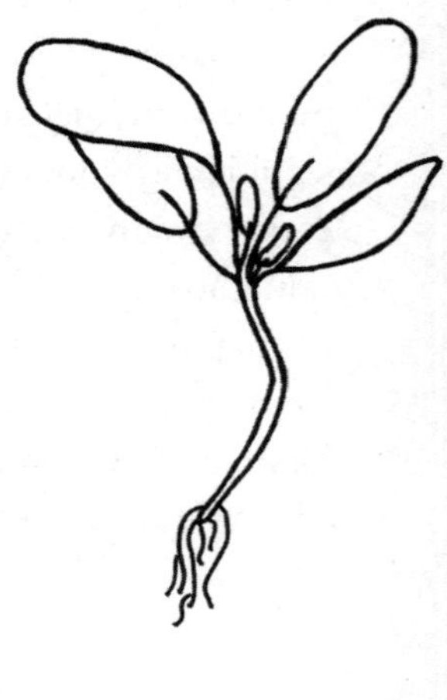

najbliżej siewek, ale tak by listki nie dotykały go bezpośrednio. Odległość kilku centymetrów będzie idealna.

- **Nawożenie**

W początkowej fazie wzrostu siewki nie wymagają dodatkowego zasilania. Możemy je delikatnie podlewać herbatą ze skrzypu czy rumianku, ale nic poza tym. Właściwe nawożenie możemy rozpocząć, gdy rośliny będą miały już 10–15 cm wysokości. Wymóg zasilania dotyczy tylko roślin, które tego wymagają, czyli owocujących, takich jak pomidory czy papryki. Zioła, warzywa liściowe i korzeniowe nie wymagają nawożenia.

- **Pikowanie**

Pikowaniem nazywamy przesadzanie młodych siewek. W momencie kiedy roślinki przestają się mieścić w pierwszych pojemniczkach, przenosimy je do większych doniczek. Tak samo postępujemy, jeśli sialiśmy po kilka nasion do jednej komórki – kiedy będą miały już kilka centymetrów, trzeba je rozdzielić, by zapewnić im przestrzeń niezbędną do rozrostu. Należy to robić delikatnie, gdyż młode siewki bardzo łatwo uszkodzić. Możemy to sobie ułatwić za pomocą małej łyżeczki, którą będziemy podważać bryłę korzeniową.

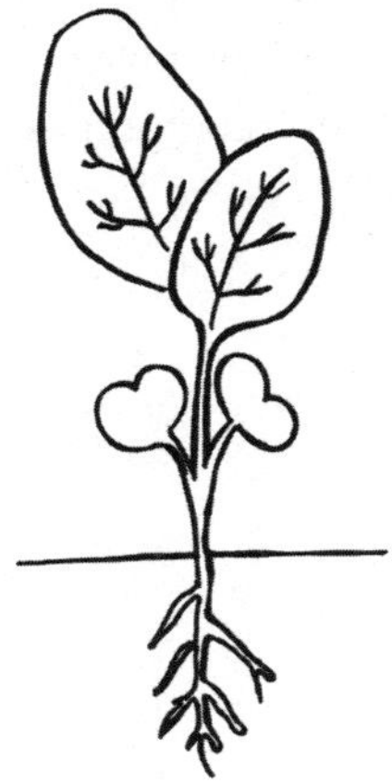

Warto również trzymać siewki za listki, a nie za łodyżkę. Jeżeli naderwiemy liść, nic się nie stanie, niebawem wyrosną nowe. Jeśli natomiast przy przesadzaniu uszkodzimy łodygę, roślina zmarnieje.

Dobrym momentem na pikowanie jest wykształcenie przez siewkę pary liści właściwych. Pierwsze liście, które się pojawiają, są jak mleczne zęby u dzieci. Mają nawet osobną nazwę: liścienie. Dopiero kolejna para to liście właściwe rośliny. Liścienie po jakimś czasie żółkną i odpadają, to normalne i nie musimy się tym przejmować. Ważne dla nas będą tylko liście właściwe.

- **Hartowanie**

Siewki warto wynosić na balkon w cieplejsze dni, gdy temperatura na zewnątrz wynosi minimum 15 stopni Celsjusza. Możemy je również wystawiać na działanie delikatnego wiatru. Na początku eksponujemy je przez 2–3 godziny, stopniowo wydłużając ich czas przebywania na zewnątrz. Dzięki temu siewki będą silniejsze, zdrowsze i lepiej zniosą przeniesienie na stałe miejsce.

Sadzonki na dobre wystawiamy na balkon dopiero w momencie, kiedy nie ma już ryzyka przymrozków. Dla naszego regionu wypada to mniej więcej w połowie maja, po tak zwanej zimnej Zośce i zimnych ogrodnikach.

4 Jak zabezpieczyć rozsadę, aby rośliny były zdrowe i silne

Produkcja własnej rozsady może przynieść nam wiele radości i satysfakcji. W końcu w pewien sposób na naszych oczach powstaje coś z niczego – z małego, niepozornego nasiona wyrasta roślina, z której będziemy mogli zrywać plony. Niestety, tak jak wspominałam, siewki są bardzo delikatne i ogromnie podatne na choroby grzybowe. Najczęstszą z nich jest zgorzel siewek. Jednak są sposoby, aby zmniejszyć ryzyko jej wystąpienia, bo ze zgorzelą jest tak samo jak z większością innych chorób czy szkodników: zdecydowanie łatwiej zapobiegać, niż leczyć.

Zgorzel siewek to chyba najczęstsza choroba grzybowa, która może zaatakować w zasadzie wszystkie rośliny wysiewane z nasion. Dzielimy ją na dwa rodzaje:

- przedwschodowa – objawia się obumarciem kiełków, zanim te wydostaną się na powierzchnię
- powschodowa – pojawia się na łodygach, liściach właściwych i liścieniach już wykiełkowanej rośliny.

O ile pierwszej możemy nawet nie zauważyć, bo rośliny po prostu nie wzejdą, o tyle druga objawia się ciemnobrązowymi plamami u podstawy pędu rośliny. Następnie siewka bardzo często się w tym miejscu łamie, a zgnilizna postępuje wzdłuż korzeni.

Leczenie chorób grzybowych siewek jest zwykle nieopłacalne – lepiej wysiać wszystko na nowo, szczególnie że zgorzel pojawia się dość wcześnie. Jeśli jednak koniecznie chcecie ratować młodziutkie roślinki, to jedynym naturalnym sposobem jest podlewanie naparami ze skrzypu i rumianku. Możecie też zastosować opryski z wody utlenionej – 1 część wody utlenionej na 4–5 części wody. Sprawdźcie na niektórych z nich, jak zareagują na taką kurację, i w razie potrzeby zmniejszcie proporcje. (Te same metody można stosować, jeśli choroba grzybowa zaatakowała dorosłe już egzemplarze – więcej o naturalnych środkach ochrony roślin znajdziecie w kolejnych rozdziałach). Warto jednak zdać sobie sprawę, że walka ze zgorzelą nie jest prosta i niekoniecznie nasze siewki uda się uratować. Zdecydowanie najlepiej jest nie dopuścić do wystąpienia choroby – w tym celu wystarczy zachować zasady higieny przy produkcji rozsady. Poniżej szczegółowo omawiam reguły, o których warto pamiętać.

- **Sterylne podłoże**

Jeśli wykorzystujemy do wysiewu ziemię z ogródka lub robimy mieszankę sami, zdecydowanie warto takie podłoże odkazić. Można to zrobić, wkładając je na 30–60 minut do piekarnika rozgrzanego do

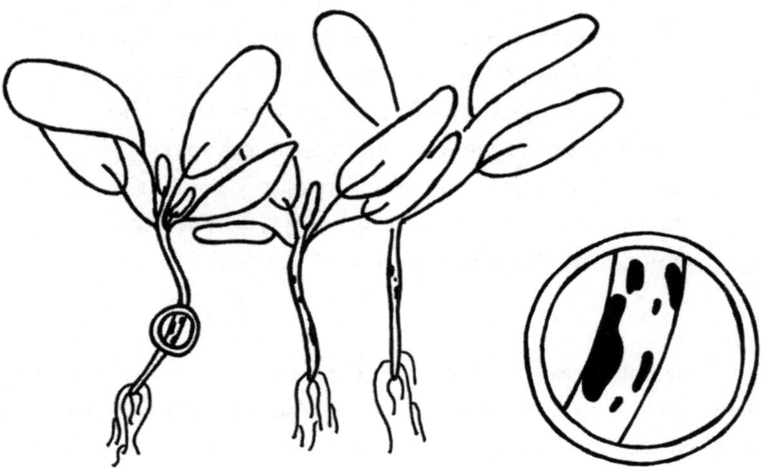

minimum 100 stopni Celsjusza. Dzięki temu prostemu zabiegowi giną wszelkie patogeny. Jeśli kupujemy gotowe podłoże przeznaczone do wysiewu nasion, powinno ono być już sterylne. Natomiast jeśli używamy podłoża z poprzedniego sezonu, również sugerowałabym wyparzenie (wypieczenie) go w piekarniku.

- **Sterylne pojemniki**

Wszystkie pojemniki przeznaczone pod rozsadę należy dokładnie umyć. Można do tego użyć na przykład mydła ogrodniczego. Koniecznie trzeba usunąć wszystkie pozostałości po poprzednich rozsadach i dokładnie wysuszyć pojemniki przed wysiewem.

- **Odpowiednie podlewanie**

Młode siewki należy podlewać oszczędnie. Ziemia ma być stale wilgotna, ale nie mokra. Najlepiej zraszać rośliny lekko od góry lub podlewać je do podstawki, odlewając nadmiar wody po około 30 minutach.

- **Regularne wietrzenie**

Zgorzel, jak wszystkie grzyby, najlepiej rozwija się w wilgotnym środowisku. Jeśli nie będziemy wietrzyć naszych siewek, stworzymy idealne warunki ku temu, by zaatakowała je choroba. Przynajmniej raz dziennie należy siewki odkrywać, by zapewnić im wentylację, a w cieplejsze dni wystawiać rozsadę na zewnątrz. W ten sposób nie tylko uchronimy je przed chorobą, ale również pozwolimy im się odpowiednio wzmocnić.

- **Odpowiednia gęstość wysiewów**

Kolejnym czynnikiem sprzyjającym rozwojowi chorób grzybowych jest zbyt gęsty wysiew nasion. To ryzyko zmniejszamy, wykorzystując tak zwane wielodoniczki lub siejąc do osobnych małych pojemników (na przykład kubeczków po jogurtach). Należy pamiętać o właściwych odstępach i przerywaniu sadzonek. Im gęściej rosną, tym większe ryzyko, że pojawi się zgorzel.

- **Oświetlenie**

Zależność jest prosta – im mniej światła, tym łatwiej o zgorzel. Nie mówiąc już o tym, że nasiona uprawiane w zbyt zacienionym miejscu kiełkują dużo wolniej oraz niepotrzebnie się wyciągają. Światło jest kluczowym elementem silnej rozsady, potrzeba go przynajmniej sześć godzin dziennie!

- **Wzmacnianie wyciągiem ze skrzypu**

Aby zasilić nasze siewki, możemy je dodatkowo podlewać wyciągiem ze skrzypu. Taki nawóz bardzo łatwo przygotować: wystarczy, że na litr wody przeznaczonej do podlewania dodamy jedną torebkę herbaty ze skrzypu. Zróbmy taki wyciąg wieczorem, a rano nawóz będzie gotowy do użycia.

- **Zaprawianie nasion przeznaczonych do wysiewu**

Większość nasion, które kupujemy w sklepach, jest już zaprawiona chemicznie. Natomiast warto zaprawić wszelkie nasiona, które pozyskaliśmy sami lub otrzymaliśmy od innych ogrodników.

Zaprawianie nasion to zabieg, pomagający zabezpieczyć przed chorobami nasiona i rośliny, które z nich wyrosną. Zabieg taki stosowano już w starożytności, wykorzystując na przykład sok z cebuli czy wyciąg z cyprysa. Zaprawianie ma zabezpieczyć kiełkujące nasiona przed rozwojem obecnych na nich patogenów. Dzięki temu uchronimy roślinę również przed patogenami znajdującymi się w podłożu.

W sklepach dostępne są specjalne preparaty (również ekologiczne). Jeśli jednak chcemy to zrobić domowymi sposobami, możemy użyć naparu z rumianku lub olejku z drzewa herbacianego. Zarówno rumianek, jak i olejek z drzewa herbacianego mają działanie grzybo- i bakteriobójcze, dzięki czemu świetnie nadają się do naturalnego zaprawiania nasion. Wystarczy, że zaparzymy dwie torebki rumianku w szklance gorącej wody i po przestudzeniu wylejemy po kilka łyżeczek naparu na płaskie talerzyki. Następnie dodajemy kilka kropli olejku z drzewa herbacianego i umieszczamy na talerzykach nasiona, które chcemy zaprawić. Zostawiamy nasiona na około pół godziny, po czym je wysiewamy. Podczas moczenia ziarenka lekko napęcznieją, co dodatkowo ułatwi im kiełkowanie. Ta metoda sprawdza się świetnie przy większych nasionach, takich jak nasiona papryk czy pomidorów. W przypadku nasion bardzo drobnych, na przykład oregano, tymianku lub poziomki, lepiej jest spryskać przygotowanym roztworem ziemię już po wysiewie. Napar, który zostanie nam po zaprawianiu nasion, można dodać do wody, której używamy do podlewania rozsady.

5 | Razem czy osobno – jak sadzić rośliny

To, czy sadzimy rośliny razem, czy osobno, zależy od wielu czynników. Każde rozwiązanie ma swoje wady i zalety. Nie da się stwierdzić jednoznacznie, co jest lepsze – czy tworzenie w pojemniku kompozycji, czy może zapewnianie każdej roślinie osobnej doniczki.

Na moim balkonie każda roślina znajduje się w osobnym pojemniku. Ułatwia to zapewnienie wszystkim sadzonkom odpowiednich warunków – jedną mogę postawić bardziej w słońcu, inną w cieniu. Takie rozwiązanie daje mi również możliwość odseparowania danej rośliny od innych w razie pojawienia się choroby lub szkodników. W każdej chwili mogę też doniczki poprzestawiać, jeśli mam na to ochotę, na przykład jedną z roślin (bazylię, tymianek czy inne zioło) postawić na stole do obiadu. Dodatkowo rośliny posadzone razem mogą się wzajemnie zagłuszyć. Mięta jest typowym przykładem dominującej uprawy – w wielu przypadkach przerośnie wszystkie inne rośliny w pojemniku. Trzy lata temu posadziłam w jednej donicy trzy odmiany mięt. Teraz rośnie tam już tylko jedna – najsilniejsza zagłuszyła dwie pozostałe, mniej ekspansywne. Tymczasem tworzenie kompozycji z wielu roślin w pojemniku ma dwie podstawowe zalety. Jedna kwestia to oszczędność miejsca, druga to estetyka – większe donice z kilkoma sadzonkami naprawdę ładnie wyglądają! Co więcej, jeżeli dobrze się do tego przygotujemy i zapoznamy z wymaganiami roślin, mogą się one wzajemnie wspierać i dzięki temu lepiej rosnąć. Jeśli więc zdecydujemy się na takie rozwiązanie, najważniejszy jest właśnie dobór gatunków do kompozycji.

Rośliny, które lubią rosnąć razem

Musimy pamiętać, że różne gatunki mają różne potrzeby. Zanim posadzicie w jednej doniczce jakiekolwiek rośliny, dowiedzcie się, jakie są ich wymagania, jeśli chodzi o podlewanie, dostęp do słońca i nawożenie. Na przykład szczypiorek, bazylia i pietruszka lubią regularne podlewanie i lekko wilgotną glebę. Z kolei oregano, tymianek i majeranek czują się najlepiej w lekko przesuszonym podłożu. Mieszając rośliny z obu tych grup w jednym pojemniku, nie mamy możliwości zapewnienia jednym i drugim idealnych warunków – nie da się podlać jednej połowy doniczki bardziej, a drugiej połowy mniej. Jeśli zależy nam na efekcie wizualnym, dobrym wyjściem może być zachowanie osobnych doniczek, ale włożenie roślin do wspólnej osłonki – na przykład w postaci wiklinowego koszyka lub misy. Nie rozwiąże to jednak problemu, gdy posadzimy w jednym pojemniku uwielbiające słońce oregano i miętę, która zdecydowanie woli zacienione stanowiska.

Kolejną ważną kwestią jest zwrócenie uwagi na to, jak dane rośliny na siebie oddziałują. Warzywa i zioła wpływają na siebie w różny sposób – jedne wspomagają wzrost drugich, a inne konkurują ze sobą o składniki pokarmowe.

W ogrodnictwie mówimy o uprawie współrzędnej (ang. *companion planting*) – jest to metoda polegająca na uprawie w jednym miejscu dwóch lub więcej gatunków roślin, które mają na siebie pozytywny wpływ. Ten sposób uprawy jest od wieków wykorzystywany w przydomowych ogródkach warzywnych, gdyż odpowiedni dobór roślin nie tylko pozwala uzyskać większe plony, lecz także pomaga zmniejszyć ryzyko wystąpienia chorób i szkodników. Uprawa współrzędna sprawdza się równie doskonale w hodowli pojemnikowej. W tym przypadku najlepiej będzie wykorzystać jak największe doniczki, co dodatkowo pozwoli nam zaoszczędzić miejsce.

Wzajemne – korzystne bądź szkodliwe – oddziaływanie na siebie roślin określa się mianem allelopatii. Wszystkie rośliny wydzielają do podłoża substancje chemiczne. Efekt, jaki chcemy uzyskać, to posadzenie obok siebie rośliny, która daną substancję wytwarza, oraz takiej, która jej potrzebuje. Uważajmy, aby rośliny, która negatywnie reaguje na substancje wydzielane przez sąsiada, nie umieścić w jego pobliżu.

Wśród ziół silnie negatywne oddziaływanie zachodzi w zasadzie jedynie między bazylią a majerankiem. Te rośliny powinny być posadzone w osobnych pojemnikach. Z kolei w przypadku innych roślin jadalnych dwa gatunki z tej samej rodziny (na przykład pomidory i papryki) posadzone razem będą walczyć o składniki mineralne z gleby i oba na tym stracą. Z kolei gdy posadzimy obok siebie rośliny strączkowe, które dostarczają azotu do gleby, oraz rośliny o bardzo wysokich wymaganiach pokarmowych, takie jak dynia – otrzymujemy idealne sąsiedztwo. Są też rośliny, które zawsze warto sadzić w towarzystwie innych. Należą do nich między innymi odstraszające szkodniki aksamitki czy nagietki. Co roku znajdują one miejsce na moim balkonie – w donicach, w których rosną pomidory.

Główna	Towarzysz	Niekorzystne
bakłażan	fasolka, nagietek, aksamitka, mięta, groch, papryka	
bazylia	pomidor, papryka, oregano, szparag, petunia, rumianek, anyż	majeranek, ruta, tymianek
burak zwyczajny	cebula, czosnek, koper, sałata, kapusta, mięta, kocimiętka	fasola, gorczyca
cebula, czosnek, por, szczypiorek	burak zwyczajny, boćwiny, sałata, truskawka, koper, marchew, pomidor, kapusta, drzewa owocowe, papryka, ziemniaki	fasola, groch, pietruszka naciowa, szparag
cukinia	kukurydza, rzodkiewka	
dyniowate	fasola, nasturcja, kukurydza, rzodkiewka	ziemniaki
fasola	marchew, dynie, kukurydza, ziemniak, ogórek, groch, mięta, koper, słonecznik, lawenda, truskawki, rzodkiewka, szpinak, sałata, rozmaryn, cząber, burak, bakłażan	cebula, czosnek, mieczyk fenkuł, pomidory, papryka
groch	kminek, marchew, lawenda, rzodkiewka, ogórek, kukurydza, fasola, koper	cebula, czosnek

Główna	Towarzysz	Niekorzystne
kapustne (kapusta, brokuł, brukselki, kalarepa, kalafior)	rośliny aromatyczne, ziemniak, seler, koper ogrodowy, szałwia, burak, cebula, czosnek, groch, mięta, szałwia, rozmaryn, rumianek, tymianek, lawenda, kukurydza, nasturcja, ogórecznik	truskawka, pomidor, fasola, papryka, gorczyca
kukurydza	fasola, dyniowate, groch, słonecznik, ogórek, pietruszka	kapusta, pomidor, seler naciowy
koperek	kapustne, kukurydza, sałaty, cebula, ogórek	marchew, pomidor, kolendra
marchew	szczypiorek, por, sałata, czosnek, pomidor, groch, cebula, fasola	koper, fenkuł, kalafior, kapusta, kalarepa, truskawka, pasternak
lawenda	sałaty, kapustne, cebula, pomidor, oregano, tymianek, majeranek, szałwia, rozmaryn, bazylia	
ogórek	fasola, kukurydza, groch, rzodkiew, słonecznik, koper, sałaty, burak, marchew	ziemniak, zioła aromatyczne, pomidor
papryka	bazylia, marchew, cebula, majeranek, pelargonia, petunia	groch, jarmuż, kapustne, fasola

Główna	Towarzysz	Niekorzystne
pomidor	szparag, bazylia, marchew, cebula, czosnek, sałaty, pietruszka, szpinak, oregano, szczypiorek, nasturcja, nagietek, ogórecznik, rzodkiewka, mięta	ziemniaki, kalafior, kapusta, kalarepa, ogórek, fenkuł, kukurydza, brokuł, fasola, groch, burak, rozmaryn, koper
rzodkiewka	sałaty, dyniowate	kalafior, kapusta, kalarepa
sałaty	koper, marchew, rzodkiewka, truskawka, ogórek, szpinak, cebula, pomidor, groch, maciejka, nasturcja, cząber	seler naciowy, pietruszka naciowa, kapusta
szałwia	rozmaryn, marchew, kapustne, fasola, groch	
szparag	bazylia, pomidor, pietruszka, koper, kolendra, aksamitki	cebula, czosnek, ziemniaki
szpinak	truskawka, fasola, groch	
truskawka	sałaty, fasola, szpinak, tymianek, cebula	kapustne, pomidory, ziemniaki, papryka, mięta
ziemniak	fasola, kukurydza, kapusta, chrzan, kolendra, nagietek, groch, bakłażan, brokuł, kminek, mięta	dynia, kabaczek, ogórek, słonecznik, pomidor, mak polny, marchew, maliny

6 Ekologiczne preparaty – proste receptury

Na początku swojej przygody z uprawą roślin jadalnych często skupiamy się jedynie na podlewaniu. Jest to niewątpliwie najważniejsza czynność, ale nie jedyna, którą warto wykonywać. Teoretycznie inne działania nie są konieczne – na przykład pomidory, które będziemy jedynie podlewać, najprawdopodobniej zakwitną i wydadzą owoce – jednak warto pamiętać, że dzięki nawozom nasz plon będzie obfitszy i zebrane okazy smaczniejsze. Nasze rośliny będą silniejsze i tym samym lepiej zniosą gwałtowne zmiany pogody. Z kolei odpowiednie opryski mogą zmniejszyć ryzyko wystąpienia chorób i szkodników, a te prędzej czy później na pewno się pojawią.

Ważne

Wszelkie opryski wykonujemy rano, nigdy w pełnym słońcu. Kropelki wody na liściach zadziałają jak soczewki, przez które słońce może poparzyć nasze rośliny. Wieczór nie jest wskazany do tego zabiegu, gdyż w nocy zwiększona wilgotność powietrza w połączeniu z naszym opryskiem może zwiększyć ryzyko wystąpienia chorób grzybowych. Idealnym czasem na opryski jest pochmurny dzień. Deszcz również jest przeciwwskazaniem do wykonywania oprysków – wszystkie nasze preparaty zostaną po prostu spłukane z liści. Rośliny pryskamy dokładnie przy użyciu spryskiwacza, z odległości mniej więcej 20 cm, pamiętając również o spodzie liści. Jest to często pomijana część i na niej mogą znaleźć schronienie larwy szkodników czy patogeny odpowiedzialne za rozwój chorób.

Szczególnie ważne jest, aby pamiętać o nawożeniu roślin o wysokich wymaganiach odżywczych, takich jak pomidory, papryki, truskawki czy cukinie. Nie nawozimy ziół, sałat, rzodkiewek ani marchewek. Z kolei opryski ochronne polecam wykonywać na wszystkich roślinach, jakie mamy na balkonie. Szkodniki i choroby nie są wybredne i jest duże ryzyko, że jeśli opryskamy tylko część roślin, problemy dotkną te niepryskane.

W sklepach mamy ogromny wybór różnych preparatów, również ekologicznych, których możemy używać w celach wzmacniająco-ochronnych. Niektóre z nich z powodzeniem wykonamy sami w domu, z dostępnych powszechnie składników. Zachęcam zwłaszcza do przygotowania własnych oprysków wzmacniająco-ochronnych. W przypadku nawozów sprawa jest już bardziej... śmierdząca. Jako naturalne nawozy najczęściej stosuje się roślinne gnojówki, które woń mają adekwatną do nazwy. Polecam je jedynie osobom odpornym na intensywne, niekoniecznie przyjemne dla nosa zapachy i mającym wyrozumiałych sąsiadów.

W tym rozdziale podzielę się kilkoma przepisami na preparaty roślinne, które możecie wykonać samodzielnie.

Nawozy z roślin – dla roślin

Aby samodzielnie przygotować nawóz lub oprysk roślinny, potrzebujemy świeżych lub suszonych roślin, takich jak pokrzywa, skrzyp, czosnek czy cebula, oraz wody. W zależności od użytego surowca, rodzaju preparatu oraz jego stężenia otrzymamy środki o różnym przeznaczeniu.

Jeśli chodzi o sposób przygotowania, wyróżnia się cztery podstawowe rodzaje preparatów roślinnych:

- **Gnojówka roślinna**

Świeże rośliny zalewamy zimną wodą (1 kg roślin na 10 litrów wody) w drewnianym, kamionkowym lub plastikowym naczyniu (nie metalowym!). Gnojówka nie powinna być szczelnie przykryta – musi mieć stały dostęp powietrza – jednak zaleca się przykryć ją gazą, aby uniknąć dostania się do niej owadów. Mieszamy raz dziennie i czekamy, aż mikstura sfermentuje, co może trwać 2–4 tygodnie (zależnie od pogody – im cieplej, tym szybciej). Proces jest zakończony, gdy nasz preparat będzie klarowny i przestanie się pienić. Gnojówki mają bardzo nieprzyjemny zapach.

- **Wyciąg roślinny (nastój)**

Świeże lub suszone ziele zalewamy zimną wodą i odstawiamy na 12–24 godzin, aż do wytworzenia lekkiej pianki. Należy zużyć go najlepiej tego samego dnia.

- **Wywar (odwar)**

Świeże lub suszone ziele zalewamy zimną wodą, jak w przypadku wyciągu, i zostawiamy na 12–24 godzin, po czym gotujemy na słabym ogniu przez około 30 minut i zostawiamy do wystygnięcia. Jeszcze gorący wywar możemy przelać do słoików, które należy szybko zakręcić, odwrócić do góry dnem i pozostawić w tej pozycji do wystygnięcia. Wywar można zapasteryzować również w inny sposób, tak samo jak przetwory. W takiej postaci zachowuje ważność przez około 3–4 miesiące, a po otwarciu słoika – około tygodnia.

- **Napar**

Świeże lub suszone rośliny zalewamy wrzącą wodą i pozostawiamy pod przykryciem do wystygnięcia (20–30 minut). Miksturę trzeba wykorzystać tego samego dnia.

W dalszej części skupię się na najpopularniejszych preparatach. Rozszerzoną listę wraz z zastosowaniami znajdziecie na końcu książki.

Wstrętna nazwa, pyszne warzywa. Zastosowanie gnojówki z pokrzyw

Gnojówka z pokrzyw to najpopularniejszy preparat ziołowy w naturalnym ogrodnictwie. Ma bardzo szeroki wachlarz zastosowań. Przede wszystkim używana jest jako nawóz do warzyw, na przykład pomidorów i ogórków. Jest wyjątkowo bogata w azot, zawiera również magnez, wapń, fosfor i żelazo, więc idealnie wspomoże wzrost wymagających roślin. Nie lubią jej jednak cebula, czosnek, fasola i groch. Byłabym również ostrożna przy podlewaniu nią ziół i stosowała do nich dużo mniejsze stężenie. Gnojówka z pokrzyw pomoże też w walce ze szkodnikami. Możemy podlać nią ziemię wczesną wiosną po ustąpieniu mrozów i zniszczyć tym samym jaja i larwy owadów zimujące w ziemi. Wykonując regularne opryski z jej użyciem, zmniejszymy ryzyko rozwoju chorób grzybowych. A w momencie gdy nasze rośliny zostaną zaatakowane przez szkodniki, opryski pomogą dwojako. Po pierwsze, wzmocnią roślinę dolistnie, a po drugie – zaszkodzą intruzom. Ważne jest, aby dostosować stężenie gnojówki do celu, jaki chcemy osiągnąć. Głównym minusem tego nawozu jest – jak już wspomniałam – bardzo intensywny nieprzyjemny zapach. Na balkonie może on być trudny do zniesienia, nie tylko dla nas, ale i dla sąsiadów.

Przykładowe zastosowania gnojówki z pokrzyw:

- Jako nawóz stosujemy ją w rozcieńczeniu z wodą 1:10 (pomidory, ogórki) lub 1:20 (zioła). Podlewamy rośliny takim preparatem raz na około 10 dni.
- Jako oprysk na mszyce i przędziorki rozcieńczamy ją z wodą w proporcji 1:20 i dokładnie opryskujemy rośliny co 2–3 dni, aż do zniknięcia szkodników.
- Jako środek zapobiegawczy chorobom i szkodnikom podlewamy rośliny wczesną wiosną po ustąpieniu mrozów gnojówką w rozcieńczeniu 1:10–1:20.

Jak przygotować gnojówkę z pokrzyw?

Świeże lub suszone ziele pokrzywy zalewamy zimną wodą (w proporcji 1 kg ziela świeżego lub 100 g suszu na 10 litrów wody) w drewnianym, kamionkowym lub plastikowym naczyniu.

Nie używamy do gnojówek naczyń metalowych. Ważne jest, aby cała zielona masa była zakryta wodą. Naczynie przykrywamy, zostawiając dostęp powietrza. Dobrze sprawdzi się gaza, która zabezpieczy gnojówkę przed owadami.

Raz dziennie preparat mieszamy. Gnojówka jest gotowa do użycia w momencie, kiedy będzie klarowna, nabierze brunatnego koloru i przestanie się pienić. W zależności od pogody może to trwać 2–4 tygodnie.

Uwaga!
Gnojówki nigdy nie używamy bez rozcieńczenia! Jest to preparat bardzo silny i użyty bezpośrednio na roślinę może ją poparzyć.

Możemy też użyć gnojówki fermentującej, cztero- lub pięciodniowej. Rozcieńczamy ją wtedy mocniej, w proporcji 1:50, i używamy do oprysków na mszyce, tarczniki, miseczniki, czy przędziorki.

Jeśli do tworzenia preparatu wykorzystujemy świeżą pokrzywę z okolicznych łąk czy lasów, to ważne jest, aby zebrać ją przed kwitnieniem. W przeciwnym razie możemy roznieść zarodniki pokrzywy po doniczkach i zasiać ją u siebie na balkonie.

Uniwersalny preparat wzmacniająco-ochronny z ziół

Zaczęłam go używać kilka lat temu, po próbach z różnymi proporcjami suszu ziołowego. Bardzo dobrze sprawdza się jako sposób na wzmocnienie i ochronę roślin przed szkodnikami i chorobami. Preparat ziołowy jest bardzo prosty i szybki do przygotowania. Można go przyrządzać za każdym razem przed opryskiem (należy go zużyć w ciągu 2–3 dni) albo przygotować większą jego ilość na raz i zawekować w słoiczkach jak przetwory. W takim wypadku po prostu co 2–3 tygodnie wyjmujemy kolejny słoik z szafki i zużywamy go na opryski. To, co nam zostanie, możemy dodać do wody, której używamy do podlewania roślin.

Opryski tym naparem warto wykonywać od momentu wystawienia roślin na balkon, przez cały sezon, mniej więcej co dwa tygodnie. Jeśli pojawią się szkodniki, możemy użyć tego samego preparatu, jedynie w większym stężeniu.

Do przygotowania preparatu potrzebne są trzy zioła:

- Pokrzywa – ma działanie głównie wzmacniające i odżywiające rośliny.
- Skrzyp polny – pomaga chronić rośliny przed chorobami grzybowymi.
- Wrotycz pospolity – ziołowa trucizna wspomagająca walkę ze szkodnikami.

Jak przygotować uniwersalny preparat?

Na jednorazowy oprysk potrzebujemy w sumie 20 g suszu składającego się z wymienionych składników (pokrzywy, skrzypu i wrotyczu). Jeśli macie możliwość uzyskania świeżych ziół, ich wagę należy pomnożyć przez dziesięć, czyli do przygotowania preparatu potrzebujemy 200 g świeżego ziela.

Wsypujemy zioła do pojemnika, w którym będziemy przygotowywać napar, i zalewamy 1 litrem wrzątku. Odstawiamy do zaparzenia na około 30 minut. Po tym czasie przecedzamy i czekamy, aż napar ostygnie.

Jeśli taka ilość preparatu wyda się wam za duża jak na wasze bieżące potrzeby, spokojnie można go wykonać z połowy podanych składników.

Wszystkie te rośliny występują powszechnie na naszych rodzimych łąkach i można je zebrać w trakcie spaceru. Można je również bez problemu kupić w sklepach zielarskich czy przez internet. Stugramowe paczki suszu kosztują po kilka złotych, więc nie jest to duży wydatek.

Jeżeli chcemy użyć preparatu zapobiegawczo, mieszamy napar z wodą w proporcji mniej więcej 1:3. Tak stosowany wzmocni rośliny i zmniejszy prawdopodobieństwo pojawienia się szkodników i chorób grzybowych.

Jeśli szkodniki już się pojawią, pryskamy roztworem rozcieńczonym pół na pół z wodą co 2–3 dni, aż do ustąpienia szkodników.

Mieszankę zużywamy od razu, ewentualnie kolejnego dnia. Opryski najlepiej wykonać rano, zanim na balkonie pojawi się słońce. W ten sposób unikniemy poparzenia liści, gdyż powstała wilgoć zdąży wyschnąć, zanim zostanie poddana promieniom słonecznym.

Resztę mikstury, która zostanie nam po wykonaniu oprysku, możemy dodać do wody do podlewania.

W zależności od oczekiwanego działania możemy napar ten modyfikować. Jeśli chcemy zwiększyć działanie przeciw szkodnikom, zwiększamy ilość wrotyczu. Natomiast jeśli chcemy uzyskać wyższy stopień ochrony przeciw chorobom grzybowym, dodajemy więcej skrzypu.

Wedle potrzeb możemy też użyć następujących dodatków:

- **Mydło ogrodnicze**

Dostępne w każdym markecie, potasowe mydło ogrodnicze sprawia, że preparat ma większą przyczepność i dłużej utrzymuje się na roślinach. Wystarczy około 20 ml mydła na 1 litr wody. Dodatkowo wspomaga niszczenie szkodników. Mydło potasowe jest dopuszczone do stosowania w uprawach ekologicznych.

- **Soda oczyszczona**

Zmienia pH liści na bardziej zasadowe, co uniemożliwia rozwój chorób grzybowych, w tym zarazy ziemniaczanej. Działa jedynie, dopóki utrzymuje się na liściu, więc trzeba powtarzać opryski co tydzień lub dwa oraz po opadach deszczu. Wystarczy mała łyżeczka sody na 1 litr wody. Polecam szczególnie do uprawy pomidorów.

- **Olejki aromatyczne**

Możemy również dodać do wody kilka kropel roślinnego olejku aromatycznego (na przykład tymiankowego albo z drzewa herbacianego, do kupienia choćby w aptece). Ich działanie grzybo- i bakteriobójcze pomoże uchronić nasze uprawy przed chorobami grzybowymi. Olejki przed dodaniem do wody warto rozpuścić w 1 łyżce oleju roślinnego (można wykorzystać ten, którego używamy do gotowania). Roztwór przed użyciem należy wstrząsnąć.

- **Inne susze roślinne**

Do preparatu można dodać jeszcze inne susze, na przykład rumianek (ma działanie bakterio- i grzybobójcze) lub żywokost lekarski (pobudza rośliny do wzrostu i pomaga przy niedoborach potasu). Zioła te są dostępne w sklepach zielarskich lub w Internecie. W przypadku rumianku może to być zwykła herbata ziołowa ze sklepu. Ważne, aby masa suszu wyniosła 20 g na 1 litr wody.

Oprysk przeciw grzybom

Aby uzyskać preparat przeciwdziałający chorobom grzybowym, wykorzystujemy czosnek i cebulę. Przepis jest bardzo podobny do tego na ziołowy napar powyżej. Potrzebna będzie nam jedna średniej wielkości cebula i kilka ząbków czosnku, wszystko razem z łupinami. Cebulę i czosnek kroimy na drobne kawałki (czosnek możemy dodatkowo przepuścić przez praskę), dodajemy łupiny i zalewamy 1 litrem wrzątku. Zaparzamy przez około 30 minut, a następnie odcedzamy i pozostawiamy do ostygnięcia.

Preparatu możemy używać bez rozcieńczania, opryskując nim dokładnie rośliny. Najlepiej robić to regularnie, mniej więcej co dwa tygodnie. Możemy stosować ten środek naprzemiennie z ziołowym preparatem opisanym wcześniej.

Aby zwiększyć działanie przeciwgrzybiczne naszych oprysków, zamiast naparu przygotowujemy wywar. W tym celu czosnek i cebulę zalewamy zimną wodą i zostawiamy na 12–24 godzin. Po tym czasie miksturę gotujemy na wolnym ogniu przez około 30 minut. Odcedzamy, studzimy i używamy bez rozcieńczenia. Od razu uprzedzam, że przy przygotowaniu tego preparatu w całym domu pachnie czosnkiem i cebulą. I nie jest to przyjemny zapach!

Gdy pierwszy raz przygotowywałam wywar z czosnku i cebuli, sama byłam zdziwiona, jak on intensywnie pachnie. Całe szczęście, że akurat tego dnia nie spodziewałam się żadnych gości, a pogoda pozwalała na intensywne wietrzenie mieszkania! Dlatego warto przygotować naraz więcej wywaru i zapasteryzować go w słoikach na zapas. Tak przygotowany możemy przechowywać przez kilka miesięcy w ciemnym pomieszczeniu i otwierać w miarę potrzeby. Po otwarciu słoika należy zużyć zawartość w ciągu kilku dni. Ewentualną nadwyżkę można dodać do wody używanej do podlewania roślin.

Inne nawozy

Do wspomagania nawożenia możemy wykorzystać również inne produkty, które znajdziemy w prawie każdym domu.

- **Skórki od bananów**

Są bardzo zasobne w potas. Sadząc wymagające rośliny, na przykład pomidory, możemy dorzucić do ziemi skórkę od banana na każdą sadzonkę. Dobrze jest jednak przed użyciem skórki dobrze umyć, wyparzyć i wysuszyć.

- **Skorupki jaj**

Zapewnią naszym roślinom dostatek wapnia. Świetnie się sprawdzą przy pomidorach i paprykach. Szczególnie jeśli na owocach pomidorów zauważymy oznaki suchej zgnilizny wierzchołkowej (suche, ciemne plamy na wierzchołkach owoców), która pojawia się właśnie przy niedoborach wapnia. Skorupki, tak samo jak banany, dobrze jest najpierw umyć i wyparzyć. Potem pokruszone mieszamy z ziemią.

- **Glony**

Jeśli kupiliście płaty glonów do przygotowania domowego sushi, ale nie zdążyliście ich zużyć przed upływem terminu ważności, to możecie je wykorzystać jako nawóz dla swoich roślin! Glony użyźniają glebę i wspomagają wzrost sadzonek. Wystarczy je pokruszyć i wymieszać z ziemią. Jeśli macie dostęp do świeżych glonów, na przykład z morza czy jeziora, to możecie je w niewielkich ilościach zakopać w donicach przy sadzeniu roślin.

- **Kawa**

Może pomóc w dostarczaniu azotu. Trzeba z nią jednak uważać, bo będzie zakwaszać glebę. Bezpieczniej dodać jej do roślin kwaśnolubnych, na przykład borówek amerykańskich lub żurawiny. Lekko kwaśną glebę lubią też pomidory czy papryka, ale tutaj musimy uważać, aby nie zakwasić jej zbyt mocno. Fusy ze zmielonej kawy, które pozostały po zaparzeniu, wystarczy dobrze wysuszyć, na przykład w piekarniku, i wymieszać z wierzchnią warstwą ziemi.

- **Woda po gotowaniu**

Wodę z gotowania warzyw czy jaj z reguły wylewamy do zlewu. A przecież zawiera ona mnóstwo substancji odżywczych, dobroczynnych dla naszych roślin! Następnym razem, zamiast pozwolić jej spłynąć do kanalizacji, odlej ją do konewki i po ostudzeniu użyj jej do podlewania roślin. Warto ją jednak wcześniej odcedzić przez gazę, gdyż resztki jedzenia mogą spleśnieć w doniczkach.

7 Rozmnażanie roślin. Dziel się tym, co masz!

Często zamiast kupować sadzonki, warto rozmnożyć rośliny, które znajdują się u nas lub u naszych znajomych. Zwłaszcza że wiele roślin rozmnaża się bardzo łatwo i szybko można z nich uzyskać świeże sadzonki.

Sadzonki wierzchołkowe

Większość ziół (takich jak choćby bazylia, mięta, rozmaryn czy tymianek) można rozmnożyć przez pobieranie sadzonek wierzchołkowych. Polega to na tym, że ucinamy około pięcio- lub dziesięciocentymetrową gałązkę, obrywamy jej dolne liście, umieszczamy ją w pojemniku z wodą (na przykład w słoiku lub szklance) i czekamy, aż się ukorzeni. Bardzo szybko dzieje się to z bazylią i miętą – czasem wystarczy jedynie tydzień, by sadzonki były gotowe do posadzenia do ziemi. W przypadku roślin bardziej zdrewniałych, takich jak lawenda czy rozmaryn, warto dodatkowo użyć ukorzeniacza. Kupimy go w większości sklepów ogrodniczych. Takie sadzonki od razu umieszczamy w ziemi. Ukorzenianie tego typu ziół trwa kilka tygodni. Sadzonki zielne (czyli na przykład wcześniej wspomniana mięta czy bazylia) możemy pobierać przez cały sezon, choć lepiej to robić wiosną i latem, aby rośliny zdążyły trochę urosnąć przed jesienią. Sadzonki roślin bardziej zdrewniałych pobieramy późnym latem i jesienią, po czym ukorzeniamy je w domu przez zimę.

Rozdzielanie brył korzeniowych

Ta metoda tworzenia nowych sadzonek sprawdzi się świetnie przy roślinach rosnących w zwartych kępach, takich jak lubczyk czy oregano. Wystarczy oderwać kawałek rośliny wraz z częścią korzeni i wsadzić go do nowej doniczki. Nie musimy się bać uszkodzenia

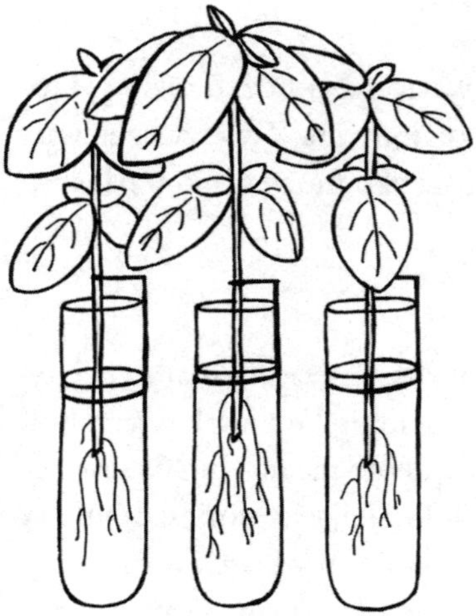

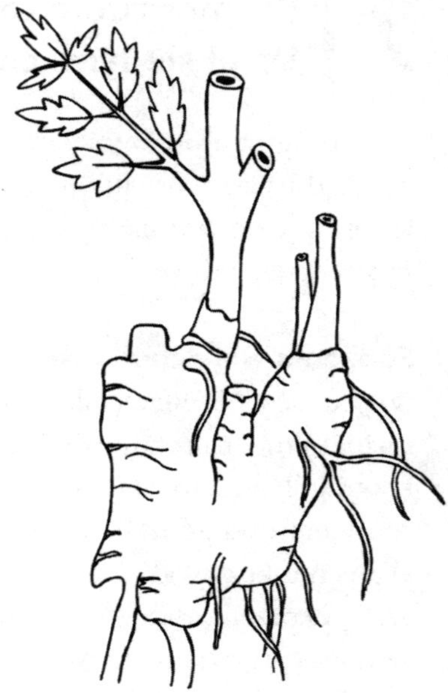

korzeni – przerwanie jedynie pobudzi je do rozrostu. Warto w ten sposób rozdzielać rośliny wiosną i wczesnym latem, aby zdążyły się przyjąć przed jesienią.

Pobieranie nasion z owoców

Oprócz sadzonek możemy pobierać z roślin nasiona do wysiewu w kolejnym sezonie. O ile dana odmiana nie była mieszańcem F1, możemy być spokojni, że rośliny, które wyrosną z nasion, powtórzą cechy macierzystej rośliny. Najłatwiej uzyskać nasiona z owoców suchych, takich jak papryka. Dojrzały owoc wystarczy przekroić i wyjąć z niego nasiona. Te jednak trzeba przesuszyć. Zazwyczaj układam je na małym talerzyku, który ustawiam w przewiewnym miejscu w kuchni i czekam, aż nasiona pozbędą się wody. Jest to o tyle ważne, że do ich przechowywania używam woreczków strunowych. Gdyby nasionka były jeszcze wilgotne, to bardzo szybko pojawiłaby się na nich pleśń. (Uwaga: w ten sposób możemy również pozyskać nasiona z papryk sklepowych).

Z kolei nasiona pobierane z pomidorów warto lekko przefermentować, aby łatwiej oddzielić je od otaczającego je żelu. Ma on za zadanie przeciwdziałać kiełkowaniu nasion, tak aby nie rozpoczynały tego procesu, będąc jeszcze wewnątrz owocu. Dojrzały owoc odmiany, którą chcemy rozmnożyć, przekrawamy i palcem lub łyżeczką wydłubujemy zeń nasiona razem z otaczającym je żelem. Mniejsze pomidorki wystarczy ścisnąć między palcami, a nasiona same z nich wypłyną. Zbieramy takie nasiona w misce – łatwiej jest w ten sposób utrzymać porządek, szczególnie jeśli pobieramy nasiona z pomidorów koktajlowych, które lubią wystrzelić w jedynie sobie znanym kierunku. Potem wszystko przekładamy do słoika i dolewamy wody (filtrowanej lub przegotowanej), w ilości mniej więcej równej ilości żelu z nasionami. Słoik zakręcamy i odstawiamy w ciepłe miejsce, na przykład blat kuchenny, na 5–7 dni. Każdego dnia trzeba zawartością wstrząsnąć 1–2 razy. W tym czasie nasiona zaczną fermentować, przez co łatwiej będzie je oddzielić od żelu. Polecam również na tym etapie opisać słoik nazwą odmiany oraz datą pobrania nasion, łatwiej nam wtedy będzie kontrolować cały proces. Podczas fermentacji nasiona zaczną opadać na dno. Te, które zostaną na powierzchni wody, należy wyrzucić.

Na koniec wylewamy wszystko na sitko i oddzielamy nasiona od reszty. Teraz pozostaje tylko je wysuszyć. Ja wykorzystuję do tego talerzyki, tak samo jak w przypadku papryk. Nie polecam układać nasion na ręcznikach papierowych czy chusteczkach, bo ziarenka się do nich przykleją.

Nasiona najlepiej jest przechowywać w ciemnym, chłodnym miejscu, idealnie w torebkach papierowych. Wiele osób, w tym ja, używa jednak do tego celu woreczków strunowych ze względu na ich wygodę, trwałość oraz przezroczystość – od razu widać, ile nasion nam zostało. Trzeba jednak uważać, gdyż takie woreczki nie zapewniają nasionom dostępu powietrza. Stąd jeśli wewnątrz znajdzie się wilgoć (np. z niedokładnie wysuszonych nasion), w woreczku może się pojawić pleśń. Za to dobrze przygotowane i opisane nasiona (istotna jest odmiana i data ich pobrania) możemy przechowywać w ten sposób przez kilka lat. Dobrą praktyką jest jednak pobieranie świeżych nasion co sezon i wyrzucanie tych starszych niż trzyletnie.

8 | Zimowanie

Gdy na początku sezonu zaopatrujemy się w rośliny, rzadko kiedy myślimy o tym, co zrobimy z nimi na zimę.

Część roślin jest jednoroczna i po zakończonym sezonie można je wyrzucić. Do tej grupy należą między innymi pomidory, bazylia, majeranek, wszelkie sałaty i warzywa korzeniowe, a także papryka. (Choć warto wspomnieć, że coraz więcej osób zimuje papryczki chili na parapetach w mieszkaniu i z powodzeniem uprawia je w kolejnych sezonach.)

Sprawa z całą resztą, czyli roślinami wieloletnimi, jest nieco trudniejsza. Dzielą się one na mrozoodporne oraz wrażliwe na mróz. Te drugie najlepiej przenieść na zimę do jasnego pomieszczenia, gdzie temperatura wynosi około 15 stopni Celsjusza. W blokach często zimujemy rośliny na jasnych klatkach schodowych. Jeśli nie macie takiej możliwości, trzeba pojemniki zabrać do mieszkania.

Rośliny mrozoodporne najlepiej na czas zimy wkopać do ziemi, jeśli mamy taką możliwość. Wtedy wystarczy okryć je z góry gałęziami lub agrowłókniną i powinny dać sobie radę. Jeśli nie mamy dostępu do ogródka, zostawiamy je na balkonie, uprzednio dobrze je zabezpieczając. Jeśli doniczki, w których rosną, mają grube, odporne na mróz ścianki, to w zasadzie nic nie musimy robić. Jeśli jednak – tak jak u mnie – wasze rośliny rosną w cienkich plastikowych pojemnikach, trzeba im zwiększyć izolację, aby ochronić bryłę korzeniową. Używam do tego celu kartonów, które zbieram już kilka miesięcy wcześniej. Odrywam górną część i wkładam pod pojemnik, aby zwiększyć izolację od posadzki. Dodatkowo, jeśli akurat mam go pod ręką, umieszczam tam styropian; w przeciwnym razie – daję na spód pomięte gazety. Na tych warstwach ustawiam doniczki z roślinami, uzupełniając przerwy między nimi kolejnymi kulkami z gazet.

Jeśli zostały nam jakieś puste donice po roślinach jednorocznych, możemy powkładać do nich pojemniki z roślinami. Każda dodatkowa warstwa izolacji pomoże im przetrwać zimę. Od góry możemy rośliny przykryć gałązkami iglaków lub agrowłókniną.

Wszystkie zimujące rośliny regularnie podlewamy. Częściej zdarzy się, że któraś z roślin nie przetrwa zimy z powodu odwodnienia, a nie mrozu. Te zimujące w mieszkaniu podlewamy oszczędnie, zdecydowanie mniej niż w sezonie, nie dopuszczając jednak do nadmiernego przesuszenia ziemi. Rośliny zimujące na balkonie podlewamy w słoneczne, stosunkowo ciepłe dni. Wtedy ziemia rozmarza i wilgoć paruje, wysuszając przy tym podłoże. Trzeba pamiętać, aby robić to przynajmniej raz w miesiącu.

Wyzwania balkonowego ogrodnika

Ogrodnictwo nieodzownie łączy się z ciągłą walką z chorobami, szkodnikami oraz pogodą. W zasadzie nie ma sezonu, żeby nie pojawiły się jakieś problemy. I jak już wspomniałam, zdecydowanie łatwiej jest przeciwdziałać, niż leczyć (na przykład zapobiegawczo stosując opryski opisane w poprzednim rozdziale), ale trzeba również być przygotowanym na walkę z przeciwnościami.

1 Szkodniki i choroby

Szkodniki i choroby atakują przede wszystkim rośliny słabe. Najważniejsze działania prewencyjne to poprawna pielęgnacja oraz obserwacja roślin. Dla porównania, my sami w razie osłabienia organizmu, wywołanego na przykład dużą ilością stresu w pracy, jesteśmy bardziej podatni na choroby. Podobnie, osłabione rośliny szybciej staną się celem ataków chorób i szkodników. Jednak jeśli zapewniamy im odpowiednie dla danego gatunku warunki, właściwie je nawozimy i podlewamy oraz stosujemy opryski wzmacniająco-ochronne, znacznie zmniejszamy ryzyko pojawienia się groźnych patogenów, a jeśli i tak dojdzie do zakażenia, silna roślina zdecydowanie lepiej poradzi sobie z atakiem i łatwiej nam będzie pozbyć się problemu.

Państwowa Inspekcja Ochrony Roślin i Nasiennictwa wydaje regularnie komunikaty dotyczące obecności chorób i szkodników w całej Polsce (na przykład zarazy ziemniaka czy występowania mszyc). Na stronie internetowej rzeczonej agencji możecie sprawdzić, co aktualnie dzieje się w waszym województwie. Przezorny zawsze ubezpieczony!

Poniżej znajdziecie opisy najpowszechniej występujących szkodników oraz sprawdzone rady, jak zwalczyć inwazję.

Mszyce

Mszyce to zdecydowanie najczęstszy balkonowy szkodnik. Zjawia się co roku i nie ma co liczyć, że pozbędziemy się go co do jednej sztuki. W ogrodnictwie naturalnym (czyli tam gdzie nie stosujemy chemicznych środków ochrony roślin) możemy jedynie kontrolować populację mszyc, aby nie zniszczyła naszych upraw.

Mszyce to drobne owady w kolorze zielonym, żółtozielonym lub czarnym. Występują masowo i hamują wzrost rośliny, na której żerują, poprzez wysysanie soków z jej wnętrza. Ponadto osłabiają kwitnienie i owocowanie oraz mogą przenosić choroby roślin. Co więcej, wytwarzana przez nie słodka spadź może sprzyjać rozwojowi chorób grzybowych, takich jak szara pleśń.

Cykl rozwoju mszyc dzieli się na dwa okresy: jesienno-zimowy i wiosenno-letni. Zimą mszyce składają jaja w glebie, a wiosną wykluwają się z nich pozbawione skrzydeł osobniki. Te rozmnażają się na tej samej roślinie – dopiero w kolejnym pokoleniu pojawiają się osobniki ze skrzydłami, które mogą przenieść kolonię na sąsiadujące rośliny. Mszyce najchętniej żerują na młodych pędach oraz pędach kwiatowych, gdyż tam znajduje się najwięcej soków.

Najlepszym remedium na mszyce jest niedopuszczenie do rozwoju kolonii tych szkodników. Tutaj pomoże nam prawidłowa pielęgnacja oraz rośliny odstraszające. Mszyce teoretycznie nie lubią czosnku i cebuli, więc warto je sadzić przy naszych uprawach. Nie daje to ochrony stuprocentowej, ale pomoże zmniejszyć ryzyko wystąpienia tych szkodników. Istnieją również tak zwane rośliny-pułapki. Należą do nich między innymi nasturcja, pokrzywa czy nagietek. Takie rośliny umieszczone obok sadzonki, na której zagościły mszyce, przyciągną szkodniki do siebie. Potem taką sadzonkę można wykopać i spalić razem ze szkodnikami.

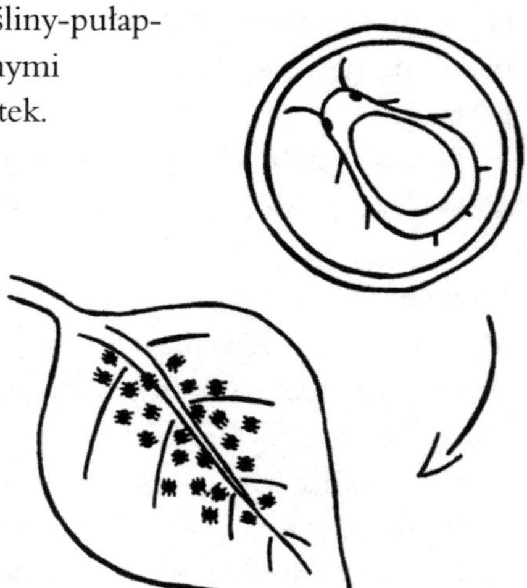

Kolejna ekologiczna metoda walki z mszycami polega na wykorzystaniu ich naturalnego wroga. Jak to w przyrodzie bywa, gdzie szkodnik, tam i drapieżnik. W tym przypadku drapieżnik jest wyjątkowo urodziwy, bo jest nim biedronka. Niestety na balkonie armia biedronek raczej nam się spontanicznie nie pojawi, prędzej znajdziemy jakąś zabłąkaną sztukę. Możemy się jednak ratować zakupem larw biedronek przez Internet. Innym owadem pomocnym w walce z mszycami są złotooki. Mało kto zna ich nazwę, ale większość z nas wie, jak wyglądają. Są to podłużne złotozielone delikatne owady. Aby w naturalny sposób przyciągnąć złotooki lub biedronki na nasz balkon, możemy zbudować im domek (instrukcja na stronach 231–232). Warto mieć u siebie takich sprzymierzeńców, gdyż jedna larwa biedronki lub złotooka potrafi zjeść kilkadziesiąt mszyc dziennie!

Warto tutaj dodać, że są owady, z którymi mszyce żyją w symbiozie. Należą do nich mrówki, które korzystają ze słodkiej wydzieliny produkowanej przez mszyce. Co więcej, mrówki zjadają biedronki, chroniąc przed nimi mszyce. Jeśli na balkonie pojawią się jedne i drugie, to należy jednocześnie pozbyć się obydwu gatunków.

W sklepach dostępnych jest wiele preparatów chemicznych do walki z mszycami. Część z nich może być używana na roślinach jadalnych, gdyż mają dość krótkie okresy karencji – 6–8 tygodni.

Karencja to czas po użyciu danego preparatu, kiedy roślina nie nadaje się do spożycia. Kiedy kupujecie gotowy preparat w sklepie, na jego opakowaniu zawsze będzie podany okres karencji.

W sklepach pojawiają się również gotowe preparaty ekologiczne, na przykład na bazie czosnku, grejpfruta czy innych naturalnych środków. Na ich opakowaniach znajdziecie informację o braku okresu karencji. Te można stosować bezpiecznie, tak samo jak poniższe domowe sposoby.

Jeśli chcecie skorzystać z metod naturalnych, pamiętajcie, że balkonowi ogrodnicy przetestowali ich już całe mnóstwo. Mszyce możecie spryskać:

- roztworem mleka pół na pół z wodą,
- colą – tutaj po skończonej kuracji warto roślinę umyć, gdyż pozostała słodycz może działać jak wabik dla innych szkodników,
- wodą z dodatkiem mydła ogrodniczego,
- preparatem ziołowym (warto zwiększyć ilość wrotyczu pospolitego) (przepis na stronie 106),
- preparatem z cebuli i czosnku (zwiększyć ilość czosnku) (przepis na stronie 108),
- gnojówką z pokrzyw,
- kompotem z rabarbaru, który zostanie nam po obiedzie.

Każdy oprysk dobrze jest powtórzyć po 2 dniach, a następnie po tygodniu. Stosować aż do wyginięcia szkodników.

Dodatkowo przed wykonaniem oprysku warto usunąć przynajmniej część owadów mechanicznie. Najłatwiej, jeśli rozmiar rośliny na to pozwala, wziąć ją pod bieżącą wodę – do wanny, pod prysznic czy nawet do umywalki. Można pomóc sobie dodatkiem mydła ogrodniczego. W ten sposób najszybciej pozbędziemy się szkodników. Takie mycie dobrze jest powtórzyć po około tygodniu, gdyż wtedy wykluje się kolejne pokolenie mszyc. Jaja poprzyklejane do liści i łodyg ciężko jednak zmyć.

Wciornastki

Wciornastki to jedne z tych szkodników, które trudno zauważyć – dużo bardziej rzucają się w oczy przykre skutki ich działalności. Same owady są bowiem maleńkie, o długości 1–3 mm, o smukłej

budowie ciała, w zasadzie wtapiają się w roślinę. Mogą mieć kolor zielony, żółty lub brązowawy. Żywią się sokami i tkankami roślinnymi, przez co mogą mocno spowolnić rozwój rośliny. Jeśli wykryjemy ich obecność, warto próbować się ich pozbyć.

Najłatwiej zauważyć je po objawach ich żeru, które najbardziej będą widoczne na liściach. Będą to najczęściej drobne, jasne plamki na ich powierzchni, nabierające z biegiem czasu srebrzystego połysku. Wśród powstałych na liściach plam możemy też zaobserwować odchody wciornastków w postaci czarnych grudek. Często zdarza się, że przynosimy szkodniki do domu na zakupionych w markecie ziołach w folii, szczególnie na bazylii. Szkodniki mogą się jednak pojawić również na innych roślinach, takich jak cebula, szczypiorek, ogórek, pomidor, papryka czy fasola lub groch. Aby upewnić się, czy aby na pewno mamy z nimi do czynienia, możemy potrząsnąć liściem z objawami żeru nad białą kartką i zobaczyć, co z niego spadnie. Jeśli będą to zielonobrązowe, szybko poruszające się „przecinki", możemy mieć pewność, że zagościły u nas wciornastki.

W Polsce obecnych jest około 220 gatunków wciornastków, z czego na uprawach jadalnych najczęściej żerują cztery poniższe: wciornastek cieplarek, wciornastek tytoniowiec, wciornastek szklarniowiec lub wciornastek zachodni. Jeśli chcielibyśmy dokładnie rozpoznać, którą odmianę mamy u siebie, musielibyśmy użyć dziesięciokrotnie powiększającego szkła, aby dostrzec cechy charakterystyczne dla danego gatunku.

Zwalczanie wciornastków jest o tyle trudne, że zwykle zanim zauważymy ich obecność, na roślinach zdąży już powstać dość duża kolonia. W sklepach znajdziemy środki owadobójcze, również

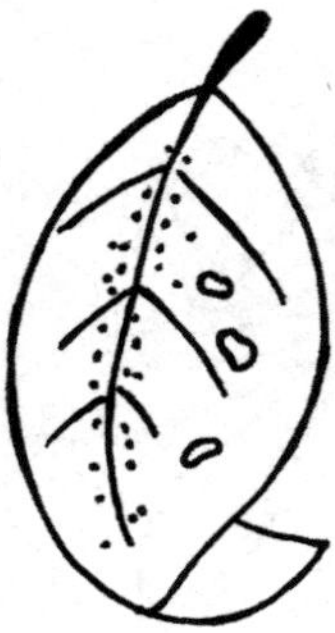

naturalne, które pomogą nam zwalczyć te szkodniki. Ze sposobów domowych sprawdzi się oprysk z wrotyczu pospolitego. Należy go przygotować tak samo jak preparat ochronno-wzmacniający (przepis na stronie 106), jednak do jego przygotowania używamy tylko suszu z wrotyczu.

Tarczniki

Tarczniki najczęściej pojawiają się na roślinach bardziej zdrewniałych, takich jak rozmaryn, drzewko laurowe czy cytrusy. Nierzadko atakują rośliny ozdobne, między innymi fikusy, juki, palmy czy draceny.

Są to niewielkie szkodniki o spłaszczonym ciele, osiągające do kilku milimetrów długości. W całości ukryte są pod charakterystyczną brązową tarczą. Wysysają soki roślinne, co powoduje żółknięcie i opadanie liści. Tarczniki spowalniają w ten sposób rozwój rośliny. Jaja składają pod tarczką izolującą je od warunków zewnętrznych.

Najłatwiej można się ich pozbyć poprzez mechaniczne usuwanie z łodyg i liści. W tym celu najlepiej użyć wacika nasączonego octem, wysokoprocentowego alkoholu bądź wody z dodatkiem szarego mydła lub płynu do mycia naczyń. Zabieg należy wykonać bardzo dokładnie, aby zmyć szkodniki razem z ich larwami. Gdy będziemy robić to niestarannie, możemy rozprowadzić larwy po całej roślinie. Jeśli tarczki będą ciężko odchodzić od rośliny, możemy pomóc sobie w ich usuwaniu, lekko podważając je wykałaczką. Zabieg ten należy powtarzać co tydzień, aż do wyginięcia szkodników.

Możemy ponadto wspomóc się opryskami (m.in. z fermentującej gnojówki z pokrzywy lub skrzypu w proporcji 1:50 z wodą), jednak tarczniki są dobrze zabezpieczone pod swoimi osłonkami. Oprysk natomiast wzmocni roślinę, dzięki czemu będzie mniej podatna na żerowanie szkodników i łatwiej będzie jej przetrwać inwazję. Co więcej, pomoże nam uchronić ją przed chorobami grzybowymi, które mogą się pojawić w wyniku żerowania tarczników.

Ziemiórki

To małe czarne muszki o długości kilku milimetrów, które spotkał chyba każdy właściciel doniczek z roślinami. Zauważamy je zwykle, kiedy zaczynają latać wokół rośliny, na której żerują. Często przynosimy je do domu z roślinami lub podłożem. Bardzo łatwo przenoszą się na sąsiednie rośliny, więc zakażony okaz warto odseparować od innych. Same muszki, czyli osobniki dorosłe, nie są groźne – szkody wyrządzane są przez ich larwy. Te żyją w ziemi i żywią się materią organiczną, a jeśli ich populacja się nadmiernie rozrośnie, zaczną podjadać korzenie, to zaś może poważnie osłabić roślinę.

Cykl życia ziemiórki wygląda w taki sposób, że najpierw dorosły osobnik składa jaja w ziemi. Po około czterech dniach z jaj wylęgają się larwy, a po następnych dwóch tygodniach larwy przekształcają się w poczwarki. Gdy mijają 3–4 dni, z poczwarek wykluwa się dorosła muszka, która z reguły żyje około tygodnia, składa jaja i cykl się powtarza.

Najłatwiej jest walczyć z dorosłymi osobnikami ziemiórki. Niektórzy próbują usuwać je mechanicznie, na przykład przy wykorzystaniu odkurzacza. Jest to jednak żmudna praca. Aby sobie ją trochę ułatwić, proponuję przygotować pułapkę na ziemiórki.

Drugim sposobem na dorosłe osobniki ziemiórek są żółte lepy, do nabycia w każdym sklepie ogrodniczym. Działają w podobny sposób jak wcześniej opisana pułapka – żółty kolor przyciąga ziemiórki, które przyklejają się do lepów i unieruchomione giną. Takie lepy działają też na inne latające szkodniki – przez to niektórzy używają ich w swoich uprawach, aby łatwo zidentyfikować szkodniki, z jakimi mają do czynienia.

Jest jeszcze kilka sposobów dotyczących zwalczania larw, które sprawią, że jeszcze skuteczniej pozbędziemy się ziemiórek:

- Napar z czosnku. Dokładnie rozgniecioną główkę czosnku zalewamy 1–2 szklankami wrzątku, czekamy, aż ostygnie. Przelewamy do półtora- lub dwulitrowej butelki i uzupełniamy wodą. Taką miksturą podlewamy zaatakowane rośliny.

Uwaga!

Roztwór jest dość mocny. Zalecałabym najpierw delikatnie sprawdzić, jak roślina zareaguje, i stopniowo zwiększać ilość, ewentualnie jeszcze rozcieńczając. Można dodatkowo próbować posypać ziemię czosnkiem granulowanym.

- Roztwór wody utlenionej z wodą z kranu w proporcji 1:4. Takim roztworem również podlewamy rośliny.
- Warto również roślinę przesadzić do świeżego podłoża – pozbędziemy się w ten sposób większości larw obecnych w ziemi. Ważne, aby korzenie w miarę dokładnie oczyścić ze starej ziemi.

Larwy ziemiórek bardzo lubią wilgoć. Dlatego niektórzy zalecają dodatkowo przesuszać ziemię w zaatakowanych roślinach. Nie jest to jednak idealna metoda, gdyż wtedy najbardziej wilgotną częścią ziemi będą jej korzenie, i to one staną się pożywką dla larw. Może mieć to opłakane skutki, zwłaszcza dla młodych egzemplarzy. Dlatego należy stosować tę technikę ostrożnie. Przy przesuszaniu ziemi można na niej położyć rozkrojonego ziemniaka lub jabłko (ze skórką!), przecięciem w stronę ziemi. Wilgoć z owocu powinna przyciągnąć larwy, które można wtedy wybrać łyżeczką razem z ziemią. Taką warzywno-owocową pułapkę wymieniamy co kilka dni. Aby osuszyć ziemię, można ją dodatkowo wymieszać z piaskiem.

Pułapka na ziemiórki

Do małego pojemnika wlewamy:

- 1 łyżkę octu jabłkowego lub winnego,
- pół szklanki wody (może być trochę mniej lub więcej – nie ma to większego znaczenia, chodzi po prostu o to, aby rozcieńczyć ocet),
- 1 łyżkę płynu do mycia naczyń (zmniejsza on napięcie powierzchniowe wody, przez co muszki będą się topić, zamiast chodzić po jej powierzchni),
- żółty barwnik (np. kurkuma).

Całość delikatnie mieszamy, ale nie za mocno – nie chcemy, aby utworzyła się piana z płynu do mycia naczyń. Kubeczek stawiamy obok zaatakowanych roślin. Żółty kolor i zapach octu przyciągną ziemiórki. Jeśli do mikstury dodamy słodkiego syropu, soku owocowego lub słodkiej herbaty, nasza pułapka zadziała dodatkowo na muszki owocówki. W ten sposób pozbywamy się dorosłych osobników, które nie będą mieć już możliwości złożyć jaj. Aby w ten sposób wyeliminować wszystkie ziemiórki, pułapka musi działać przez kilka tygodni, aż minie cały cykl rozwoju tych szkodników.

Przędziorki

Przędziorki to roztocze, choć często mylimy je z pajęczakami, gdyż tak samo wytwarzają sieci. Wyglądają również podobnie, a ich kolor zmienia się w zależności od sezonu. Zimą są brązowopomarańczowe, natomiast w lecie nabierają barwy żółtozielonej. Objawy ich żerowania, poza pajęczynami, to drobne jasne plamki oraz żółknięcie i opadanie liści. Same szkodniki mają mikroskopijne rozmiary – zaledwie 0,4–0,6 mm! Zadomawiają się na spodniej części liści w warunkach wysokiej temperatury i niskiej wilgotności powietrza, stąd często spotykamy je w domu w okresie zimowym. Tak samo jak szkodniki opisane powyżej wysysają z roślin soki, powodując zahamowanie ich rozwoju.

Jeśli zobaczymy przędziorki dostatecznie szybko, może wystarczyć ich mechaniczne usunięcie, czyli przemycie zaatakowanych liści wodą z dodatkiem szarego mydła. Można dodatkowo tym samym roztworem wykonać na roślinie opryski. Przędziorki są bardzo wrażliwe na wysoką wilgotność, wobec czego wszelkie ziołowe opryski pomogą nam w walce z nimi. Ważne, aby spryskać dokładnie wszystkie części rośliny. Po oprysku warto owinąć całą sadzonkę na kilka dni folią, na przykład przy użyciu plastikowej torby jednorazowej. W ten sposób stworzymy bardzo wilgotny mikroklimat, który uniemożliwi szkodnikom rozmnażanie.

Jednym ze skuteczniejszych preparatów na przędziorki jest wyciąg z czosnku i cebuli (przepis znajdziecie na stronie 108). Wszelkie opryski powtarzamy co 3 tygodnie, aż do wyginięcia szkodników.

Gąsienice motyli

Spotykane w okresie wiosennym, potrafią w ciągu zaledwie jednej doby zjeść całą sałatę lub doniczkę bazylii. Zdarza się, że żerują w nocy, a w dzień szukają schronienia pod ziemią, przez co niełatwo je przyłapać na gorącym uczynku. Winowajców można jednak łatwo poznać po odchodach – obok ponadgryzanych liści lub wokół doniczki znajdziemy drobne czarne grudki.

Gąsienic najłatwiej jest się pozbyć, usuwając je mechanicznie. Polecam robić to wcześnie rano, gdy jeszcze żerują na liściach i nie zdążą schować się pod ziemią. Dodatkowo można zastosować oprysk na bazie ostrej papryki. W tym celu do litra wody dodajemy łyżkę stołową dowolnego oleju i szczyptę drobno zmielonej papryki chili. Olej stanowi jedynie nośnik dla ostrej papryki, więc nie ma znaczenia, jakiego użyjemy. Ważne jednak, aby papryka była drobno zmielona, w przeciwnym razie może nam zapchać otwór spryskiwacza. Oprysk stosujemy wieczorem.

Innym naturalnym sposobem na gąsienice jest posypanie rośliny i podłoża ziemią okrzemkową. Jej ostre drobinki stanowią śmiertelną pułapkę dla larw owadów o delikatnej skórze, natomiast jest całkowicie bezpieczna dla ludzi i zwierząt. Używamy jej wieczorem lub wczesnym rankiem.

Na gąsienice zadziała również oprysk z naturalnych trucizn, takich jak wrotycz pospolity i bylica piołun. W tym celu potrzebujemy 30 g świeżego ziela lub 3–5 g suszu. Zalewamy je litrem zimnej wody i odstawiamy na 12–24 godzin, aż do wytworzenia się lekkiej pianki. Po tym czasie rozcieńczamy miksturę wodą w proporcji 1:2 i dokładnie opryskujemy rośliny.

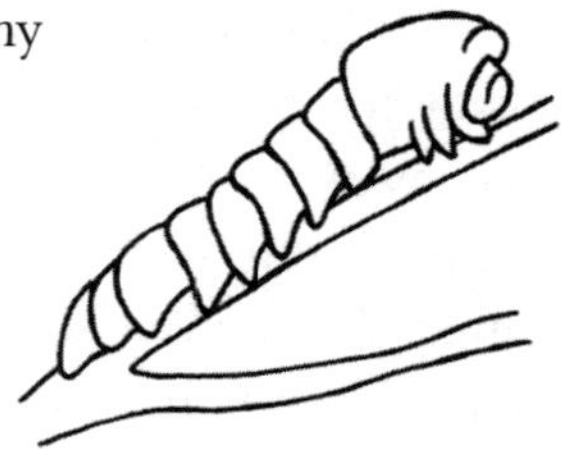

Mączlik

Omówiliśmy już czarne muszki, więc teraz czas na muszki białe, czyli mączliki szklarniowe. Na pierwszy rzut oka ten szkodnik może wyglądać jak biały nalot, jednak jeśli przy poruszeniu liści do góry wzbijają się niewielkie muszki (1,5–3 mm), możemy być pewni, że to mączliki zagnieździły się na naszych roślinach. Owady te żerują na spodniej stronie liści, wysysając z rośliny soki. W wyniku ich aktywności liście żółkną, ulegają deformacji i zasychają. Wzrost rośliny zostaje zahamowany. Co więcej, dorosłe mączliki oraz ich larwy podczas żeru wydalają lepką substancję (tak zwaną rosę miodową), która pokrywa liście rośliny i stwarza dogodne warunki do rozwoju grzyba spadziowego. Grzybnia rozrasta się, pokrywając roślinę czarną lepką substancją, zatykającą aparaty szparkowe.

Mączliki lubią suche powietrze i wysokie temperatury. Często atakują rośliny w szklarniach, ale mogą również zagnieździć się na naszych balkonowych pomidorach czy też pelargoniach i surfiniach.

Do ekologicznych sposobów pozbycia się mączlików zaliczamy:

- Umieszczenie w pobliżu zarażonej rośliny żółtych tablic lepowych (do kupienia w sklepach ogrodniczych).
- Usuwanie intruzów odkurzaczem. Wczesnym rankiem potrząsamy rośliną i zasysamy odkurzaczem chmarę szkodników, która wzniesie się ponad liście.

Usuwanie mechaniczne możemy wspomóc opryskami z rozcieńczonego wywaru z wrotyczu pospolitego. W tym celu 7–8 g suszu zalewamy litrem wody i zostawiamy na 24 godziny. Po tym czasie wywar gotujemy przez 20 minut. Odcedzamy, studzimy i wykonujemy opryski wywarem rozcieńczonym wodą w proporcji 1:5.

Uwaga!
Powyższe sposoby działają jedynie na dorosłe osobniki.

Zaraza ziemniaczana

Jak wcześniej wspomniałam, zaraza ziemniaka jest najczęstszą chorobą grzybową, występującą nie tylko na ziemniakach, ale też… na pomidorach. W tym przypadku również łatwiej jest zapobiegać, niż leczyć, warto zatem mieć na uwadze, że jej rozwojowi szczególnie sprzyjają warunki długotrwałej wilgoci (opady deszczu lub zalegające mgły) oraz temperatury około 12–18 stopni. Czerwcowa aura jest zatem wyjątkowo korzystna dla rozwoju tego grzyba. Zarodniki zarazy ziemniaczanej przenoszą się głównie przez wiatr, deszcz czy owady, jednak my sami również możemy ją przetransportować – na przykład na narzędziach czy dłoniach. Niekiedy też zarodnikom udaje się przetrwać w zakażonym podłożu. Zaraza atakuje przede wszystkim naziemne części roślin – liście, łodygi i owoce. Zmiany przybierają postać nieregularnych plam, najpierw żółtawych, potem – w miarę rozwoju choroby – coraz większych i zmieniających kolor na brunatny. Może się również pojawić biały nalot na liściach.

Nieleczona zaraza może bardzo szybko porazić całą roślinę oraz przenieść się na sąsiadujące sadzonki (chyba że są to odmiany na nią odporne). W najgorszym razie możemy w krótkim czasie stracić wszystkie nasze uprawy. Dlatego bardzo ważne jest, aby zminimalizować ryzyko wystąpienia tej choroby na naszych roślinach, a jeśli już się pojawi, wykryć ją odpowiednio wcześnie.

Stosowanie się do poniższych rad pomoże wam również uchronić się przed większością chorób grzybowych.

- **Wybierajcie odmiany pomidorów odporne na zarazę.**

Coraz więcej odmian pomidorów dostępnych na rynku jest odpornych na zarazę ziemniaka. Wybór jednej z nich nie daje rzecz jasna stuprocentowej gwarancji na uniknięcie choroby, ale zdecydowanie zmniejsza ryzyko jej wystąpienia.

- **Obserwujcie rośliny.**

Kluczem do zatrzymania rozwoju choroby jest jej wczesne wykrycie. Jak najczęściej oglądajcie swoje rośliny i jeśli tylko dostrzeżecie coś podejrzanego, usuwajcie zarażone jej części.

- **Pozbywajcie się zarodników i porażonych części roślin.**

Usunięte liście, łodygi czy owoce z podejrzanymi zmianami koniecznie trzeba wyrzucić, a najlepiej spalić. Nie nadają się one na kompost, bo będą przenosić zarodniki dalej. Tak samo ziemia, w której znajduje się porażona sadzonka, nie może być przeznaczona do ponownej uprawy. Zarodniki mogą w niej przezimować i zaatakować posadzoną w tym miejscu roślinę w kolejnym sezonie.

- **Dbajcie o higienę.**

Kiedy usuwacie porażone części rośliny, uważajcie, aby nie dotykać przy tym zdrowych egzemplarzy. Narzędzia, których do tego używacie, trzeba dokładnie umyć. Zarodniki przenoszą się bardzo łatwo i szybko, dlatego szczególnie uważajmy, żeby nie roznieść choroby przez własne zaniedbanie.

- **Zapewnijcie roślinom przestrzeń.**

Ustawcie sadzonki pomidorów tak, aby nie dotykały się wzajemnie. Po pierwsze, mogą się zarazić przez kontakt. A po drugie – im gęściej rosną, tym mniej słońca do nich dociera, przez co tworzy się większa wilgotność. To zaś idealne warunki do rozwoju chorób grzybowych. Z tego samego powodu zaleca się przerzedzanie owocujących roślin poprzez usuwanie niektórych liści, co przy okazji pomaga owocom szybciej i bardziej równomiernie dojrzewać poprzez większy dostęp do światła. To właśnie dlatego rośliny nie powinny rosnąć za gęsto – zarówno wolniej wtedy rosną i słabiej owocują, jak i trudniej jest nam je pielęgnować.

- **Podlewajcie zawsze od dołu.**

Wszystkie rośliny najlepiej jest podlewać od dołu, bezpośrednio do doniczki. Nigdy nie lejemy wody po liściach! Unikamy wilgoci na sadzonce za wszelką cenę. Wyjątek stanowią opryski ochronno-wzmacniające.

- **Usuwajcie dolne liście.**

Na dorosłych sadzonkach warto usunąć dolne liście. Staram się z reguły zostawić od dołu jakieś 20 cm gołej łodygi. Zarodniki zarazy ziemniaczanej często gnieżdżą się w ziemi – w momencie podlewania czy deszczu mokra ziemia chlapie na dolne liście, przez co przenoszą się na nie zarodniki i wywołują chorobę. Brak dolnych liści utrudnia zarazie rozprzestrzenianie się. Aby uzyskać jeszcze lepszy efekt, można ziemię ściółkować, na przykład zrębkami drewna.

- **Utrzymujcie silne rośliny.**

Silne sadzonki będą stawiały większy opór wszelkim chorobom i szkodnikom. Ważne jest, aby regularnie je nawozić. Polecam również stosowanie cyklicznych oprysków ochronno-wzmacniających – najlepszy będzie naturalny preparat roślinny. Obecny w takiej mieszance ziołowej skrzyp pomoże również zmniejszyć ryzyko wystąpienia chorób grzybowych.

- **Stosujcie opryski zapobiegawcze z sody oczyszczonej.**

Od kilku sezonów staram się regularnie dodawać do oprysków sodę oczyszczoną – około 1 łyżeczki sody na 1 litr oprysku. Przypominam, że soda zmienia pH liści, tworząc środowisko niekorzystne dla rozwoju chorób grzybowych. Taki oprysk powinniśmy powtarzać mniej więcej co 2 tygodnie oraz po każdym deszczu. Pamiętajcie, że opryski wykonujemy tylko i wyłącznie rano, najlepiej w pochmurne dni.

- **Stosujcie opryski miedzianem.**

Na potrzeby oprysków można również wykorzystać miedzian (dostępny na działach ogrodniczych pod nazwą Miedzian 50 WP). Opryski wykonujemy w momencie zauważenia pierwszych objawów, można też pryskać rośliny zapobiegawczo na początku sezonu. Metoda ta jest dopuszczalna w uprawach ekologicznych, więc śmiało można ją stosować na balkonie.

Pamiętajcie, że grunt to być dobrej myśli. Zaraza ziemniaczana jest trochę jak mszyce – prędzej czy później spotka każdego ogrodnika. Wdrożenie powyższych wskazówek w życie może się na pierwszy rzut oka wydać dość trudne, ale tak naprawdę w zdecydowanej większości to podstawowe zasady pielęgnacji roślin. Przy odrobinie wprawy nawet nie zauważycie, że się do nich stosujecie!

Inne choroby grzybowe

Istnieje wiele innych powszechnie znanych chorób grzybowych, takich jak na przykład szara pleśń, mączniak prawdziwy czy mączniak rzekomy. I choć różnią się one od zarazy ziemniaka objawami, to najważniejszym sposobem, który pozwala się ich ustrzec, jest prewencja: stosowanie poprawnej pielęgnacji, zapewnianie roślinom przestrzeni oraz dostępu powietrza i słońca. Jeśli będziecie przestrzegać zaleceń z poprzedniej sekcji, zmniejszycie ryzyko wystąpienia nie tylko zarazy ziemniaka, lecz także innych chorób grzybowych.

W sklepach są również dostępne preparaty ekologiczne do walki z chorobami, na bazie choćby czosnku lub grejpfruta. Znajdziecie też środek zawierający w składzie innego grzyba, *Pythium oligandrum*, który żywi się między innymi grzybem szarej pleśni czy mączniaka rzekomego. Jest on całkowicie bezpieczny dla ludzi, zwierząt, a także owadów zapylających i stosuje się go bez okresu karencji. Oznacza to, że możemy wykonywać tego rodzaju opryski nawet niedługo przed zbiorem plonów.

2 Wyzwania pogodowe

Nawet jeśli nasze rośliny przetrwają cały sezon bez szkodników i chorób, najprawdopodobniej nie uda nam się uniknąć pułapek ze strony pogody. Silne wiatry, ulewy czy upały to warunki niekorzystne dla większości roślin.

Wiatr

Im wyższe piętro w bloku i bardziej odsłonięty balkon, tym mocniejszego możemy się spodziewać wiatru. Jeśli nasz balkon jest stale narażony na silne podmuchy, musimy pomyśleć, jak go nieco przed nimi zabezpieczyć.

Najprostszym sposobem jest zastosowanie osłonek, barierek czy zainstalowanie osłon bocznych. W handlu są dostępne rozmaite rozwiązania, z różnych materiałów, najczęściej z bambusu lub plastiku. Ciekawą opcją jest zamontowanie osłony bocznej z plastikowej szyby, czyli przezroczystej płyty pleksi. Ochroni skutecznie przed podmuchami wiatru balkon i rośliny na nim, umożliwiając przy tym dostęp promieni słonecznych.

Kolejną kwestią, o której trzeba pamiętać, jest zapewnienie stabilności samym roślinom. Jeśli po naszym balkonie często hula wiatr, zrezygnujmy z umieszczania pojemników na barierce, zwłaszcza po zewnętrznej stronie. W razie silniejszego podmuchu nie tylko możemy stracić roślinę, spadająca doniczka może wszak stanowić realne zagrożenie dla pieszych poruszających się przed blokiem. Warto zainwestować w cięższe pojemniki, na przykład z ceramiki lub terakoty. Im większa ich waga, tym trudniej będzie wiatrowi je poprzesuwać na naszym balkonie. Ciekawą opcją będzie również inwestycja w jedną dużą skrzynię (na przykład drewnianą). Ze względu na swój ciężar będzie ona w stu procentach stabilna. Ponadto wszystkie rośliny wysoko rosnące, takie jak pomidory, trzeba porządnie podwiązać, aby nie zostały połamane przez silniejsze podmuchy.

Nawet jeśli nasz balkon nie jest mocno odsłonięty, to jednak kilka razy do roku nasz kraj nawiedzają wichury. Warto być na bieżąco z prognozami pogody i ostrzeżeniami meteorologów i przygotować się na nadejście orkanu czy wręcz huraganu. Ochronić nasze balkonowe uprawy możemy na kilka sposobów.

Jeśli mamy taką możliwość, wstawmy rośliny do mieszkania lub innego osłoniętego od wiatru pomieszczenia. Tylko w ten sposób zyskamy pewność, że naszym uprawom włos z głowy, czyli listek z krzaka nie spadnie. Mam rzecz jasna świadomość, że zabieg zmiany miejsca pobytu upraw może być trudny, zwłaszcza jeśli na balkonie mamy warzywno-ziołowo-owocową dżunglę, a w mieszkaniu mocno ograniczoną przestrzeń. Jeżeli zatem rośliny muszą przetrwać wichurę na balkonie, warto choć trochę im pomóc. Przede wszystkim postawmy wszystkie doniczki na podłodze. Każde podwyższenie, takie jak parapet, regał czy barierka, zwiększa ryzyko, że doniczka spadnie. Będzie więc lepiej, gdy umieścimy rośliny jak najniżej. Pojemniki powinny stać blisko siebie, dzięki czemu będą wzajemnie amortyzować podmuchy wiatru i przy odrobinie szczęścia nie zostaną przesunięte na drugą stronę balkonu. Warto też od razu ustawić je z tej strony, w którą wieje wiatr.

Koniecznie też musimy zabezpieczyć wszystkie ruchome elementy: krzesła, stoliki, kwietniki, regały czy drabinki. Najłatwiej zabrać je do środka, ale jeśli nie mamy takiej możliwości, możemy przywiązać je do barierek.

Niestety mimo wszelkich starań smagane wiatrem liście na pewno doznają jakichś uszkodzeń. Często będą to brązowo-żółte plamy. Takie zniszczone liście warto od razu usunąć, gdyż zmienione miejsca są narażone na rozwój chorób grzybowych. Usuwając uszkodzone części roślin, znacznie zmniejszamy ryzyko zachorowania.

Należy ponadto pamiętać, aby rośliny porządnie podlać po wichurze. Silny wiatr sprawia, że ziemia w doniczkach szybko traci wilgoć. Po dużej wichurze roślinom przyda się również dodatkowa porcja nawozu na wzmocnienie.

Deszcz

Większość balkonów ma daszki, przynajmniej częściowo chroniące przed opadami deszczu. Niekiedy jednak, szczególnie na ostatnich piętrach i tarasach, brakuje takich zabezpieczeń. Jeśli na waszym balkonie akurat ich nie ma, musicie szczególnie uważać podczas intensywnych opadów deszczu. Rośliny dobrze jest wnieść do mieszkania albo przesunąć pod ścianę, gdzie pada najmniej. Warto się upewnić, że w każdej doniczce są otwory odpływowe, a na jej dnie znajduje się gruba warstwa drenażu. Dzięki nim, nawet jeśli nie będziemy w stanie roślin zabezpieczyć, woda przeleje się przez pojemnik i korzenie nie będą w niej długo stać.

Innym negatywnym następstwem opadów może być wypłukiwanie ziemi z doniczek. Wtedy warto spróbować ściółkowania, na przykład żwirem czy kamykami rzecznymi. W ostateczności zabezpieczymy doniczki agrowłókniną. Jest to materiał przepuszczający powietrze i wodę, więc ziemia pod spodem będzie miała swobodny dostęp powietrza, a jednocześnie agrowłóknina powinna ograniczyć jej wypłukiwanie.

Jest również niejaka korzyść z posiadania odsłoniętego balkonu – można zainstalować pojemnik na deszczówkę, która przyda się później do podlewania roślin.

Balkon (zbyt) słoneczny

Brak zadaszenia nad balkonem przyczynia się również do nadmiernego nasłonecznienia. Nadmiar słońca może dotyczyć również balkonów takich jak mój – z ekspozycją południowo-zachodnią.

Generalnie lepiej mieć za dużo słońca niż za mało, bo w razie potrzeby cień zawsze można stworzyć. Do tego celu używa się wszelkiego rodzaju parasoli lub bardzo obecnie popularnych żagli. Ciekawą opcją jest też zainstalowanie kratki ogrodowej, przy której posadzimy lubiące słońce pnącze, na przykład wiciokrzew, rdestówkę, akebię czy bardzo popularny groszek pachnący. Sprawdzi się też balkonowa osłona boczna wykonana z nieprzepuszczającego słońca materiału, na przykład z drewna.

Przy nasłonecznionym balkonie trzeba się również przygotować na to, że rośliny mogą wymagać częstszego podlewania. Szczególnie jeśli nasz balkon jest dodatkowo narażony na działanie wiatru.

Starajmy się też w taki sposób ustawić donice, aby większe lubiące silne światło rośliny (na przykład pomidory) dawały cień sąsiadom, którzy wolą mniejsze nasłonecznienie, takim jak mięta lub pietruszka.

Balkon w cieniu

Trudniejszym stanowiskiem jest balkon zacieniony, często z ekspozycją północną lub wschodnią. Tutaj słońca nie „wyprodukujemy" w nadmiarze. Przy czym nie musimy się tym martwić, jeśli mimo niekorzystnego położenia na naszym balkonie pełne słońce operuje przez 5–6 godzin. Pisząc o stanowiskach cienistych i półcienistych, też nie mam na myśli takich, gdzie panuje wieczna ciemność. Chodzi jedynie o brak bezpośredniego dostępu światła słonecznego. W ten sposób określamy miejsca, gdzie światło jest rozproszone lub gdzie promienie słoneczne padają bezpośrednio przez mniej niż 5 godzin dziennie. Nie musi to być związane ze stroną świata, choć najczęściej są to charakterystyczne cechy stanowisk północnych lub wschodnich. Podobne warunki będą panować na balkonie pozostającym w cieniu sąsiedniego bloku lub pobliskich drzew.

Jeśli macie właśnie taki balkon, pamiętajcie: nic straconego! Jest wiele roślin, które w lekko zacienionym miejscu będą się czuć dobrze. Prym tutaj zdecydowanie wiedzie mięta. Jest to idealny wybór na stanowisko, gdzie nie dociera dużo słońca. Trudno jednak zakładać, że ktoś będzie chciał uprawiać wyłącznie miętę.

Poza miętą na zacienionym balkonie dobrze sobie poradzą między innymi:

sałaty	koperek
cebula na szczypiorek	czosnek niedźwiedzi
roszponka	rzeżucha
seler naciowy	kolendra
pietruszka naciowa	estragon
botwinka	poziomka
lubczyk	jagody
jarmuż	porzeczka
szpinak	malina
rukola	agrest
pak choi (i inne zieleniny azjatyckie)	borówka amerykańska
szałwia	

Powyższa lista to jedynie wskazówka. Zachęcam do eksperymentów! Teoretycznie rośliny takie jak pomidory, papryki czy truskawki wymagają dużej ilości promieni słonecznych, aby wydać soczyste plony. Nie oznacza to jednak, że nie można ich uprawiać w mniej nasłonecznionych miejscach. Próbujcie, eksperymentujcie, może akurat u was się uda! W najgorszym razie okaże się, że wasz pomidor nie wyda owoców, a w najlepszym – zbierzecie kilka słodkich kolorowych kulek do śniadania. To dopiero będzie satysfakcja: własne plony pomimo niesprzyjających warunków! Warto próbować!

Na co zwrócić uwagę przy uprawie roślin w cieniu?

- **Białe ściany**

Jeśli możecie, pomalujcie wnętrze takiego balkonu na biało (albo na inny jasny kolor). Dzięki temu światło będzie się od nich lepiej odbijać i doświetlać rośliny z różnych stron.

- **Wilgoć**

To największy problem na miejscach zacienionych. W cieniu szybciej rozwija się pleśń i innego rodzaju choroby grzybowe. Trzeba koniecznie dopilnować, aby liście roślin miały dostęp do dużej ilości powietrza. Donice nie mogą stać zbyt blisko siebie.

- **Cierpliwość**

Im mniej słońca, tym rośliny z reguły rosną wolniej – no, może poza miętą. Pamiętajcie: to normalne! Cierpliwość jest jak najbardziej wskazana.

3 Ptaki

Ptaki to skrzydlaci mieszkańcy nie tylko pól, łąk i lasów, ale również miast, a w balkonowym ogródku przynoszą więcej szkody niż pożytku. Niektóre gatunki, jak gołębie, jedynie brudzą, ale inne, na przykład wróble, mogą częstować się plonami z naszych upraw. Jest kilka sposobów, dzięki którym można sobie z tym problemem poradzić.

Jeśli nieproszeni goście mocno dają nam się we znaki, najskuteczniejsze będzie założenie siatki na cały balkon. Daje nam to gwarancję, że żadne ptaszysko nie zniszczy naszych roślin. Podobne siatki montuje się jako zabezpieczenie dla kotów. Nie jest to najbardziej estetyczne rozwiązanie, ale da się do niego przyzwyczaić. Co więcej, można po siatce poprowadzić ozdobne pnącza czy choćby podwiązać do niej pomidory i od razu będzie przyjemniej.

W sklepach są również dostępne plastikowe kruki, mające odstraszać gołębie. Mam takie u siebie i muszę przyznać, że gołębie pojawiają się u nas bardzo rzadko. To rozwiązanie nie zawsze się jednak sprawdza. Zamiast kruków można wybrać inne sztuczne ptaki drapieżne, które również mogą działać na gołębie odstraszająco.

W ostateczności możemy zamontować na barierkach kolce przeciw ptakom. Osobiście jestem jednak przeciwna temu rozwiązaniu, bowiem istnieje cienka granica pomiędzy odstraszaniem ich a zadawaniem im bólu. Mniej kontrowersyjne będzie zamontowanie jeszcze innych odstraszaczy:

- płyty CD powieszone na sznurkach, odbijając słońce, będą odstraszać ptaki,
- dzwoneczki lub wiatraczki,
- reklamówki przywiązane do barierek – ich szelest również zniechęci ptaki do odwiedzania naszego balkonu,

- patyczki z kawałkami folii umieszczone w doniczkach,
- linka (sznurek, żyłka wędkarska lub cienki drucik) rozciągnięta kilka centymetrów nad barierką, uniemożliwiająca ptakom siadanie na niej.

Ważne jest również, aby ptaków – poza sezonem zimowym – na balkonie nie dokarmiać. Jeśli regularnie będą mogły przylecieć do nas na obiad, żadne zabiegi ich nie odstraszą.

4 | Zanieczyszczenia w mieście

W ostatnich latach dużo mówi się o zanieczyszczeniu powietrza i gleby w mieście oraz niebezpieczeństwach, jakie ono niesie. Pisząc o uprawie żywności w mieście, nie sposób o tym nie wspomnieć. Całe szczęście, największe stężenie pyłów PM10 i PM2,5 notuje się głównie w sezonie jesienno-zimowym. Latem, gdy uprawiamy rośliny na balkonie, powietrze jest dużo czystsze. Jeśli ziemia, w której hodujemy rośliny, pochodzi z zaufanego źródła, czyli została zakupiona jako ziemia do uprawy, a nie jest ziemią przyniesioną na balkon np. spod bloku, możemy mieć pewność, że jest bezpieczna. Warto jednak pamiętać, że hodowla roślin jadalnych w warunkach miejskich nie zawsze jest dobrym pomysłem, zwłaszcza jeśli nasz balkon znajduje się bezpośrednio przy ulicy o dużym natężeniu ruchu. Zanieczyszczenia w sposób nieunikniony będą przenikać do upraw. Wiadomo jednak, że są cięższe od cząsteczek czystego powietrza i gromadzą się głównie wokół swojego źródła, na ogół więc wystarczy, że od jezdni oddziela nas sąsiedni blok – większość szkodliwych pyłów do nas nie dotrze. Ponadto im wyżej położony jest nasz balkon, tym lepiej, ponieważ zanieczyszczone powietrze gromadzi się bliżej ziemi. Naturalne bariery w postaci drzew i krzewów są nieocenione. Przyjmuje się, że wystarczy około trzydziestometrowy rząd drzew, aby w miarę skutecznie ochronić nas przed zanieczyszczeniami pochodzącymi z ruchliwej drogi.

Ciekawym rozwiązaniem jest również zakładanie ogrodów na dachach budynków – w myśl przytoczonej już zasady, że im wyżej, tym lepiej. Warzywa hodowane w takich miejscach mają doskonałą ekspozycję słoneczną przez cały dzień i są zdecydowanie mniej narażone na skażenie. Takie ogrody są już bardzo popularne w wielu miastach, między innymi w Nowym Jorku. To tam powstała największa na świecie hodowla na dachu. Zajmuje ona obszar ponad pół hektara. Została stworzona w 2012 roku na szczycie dwunastopiętrowego budynku w dzielnicy Brooklyn Navy Yard. Na dachach Nowego Jorku znajdują się również restauracje posiadające własne uprawy i wykorzystujące swoje plony do przygotowania posiłków. Polacy jeszcze nie podchodzą do tego typu rozwiązań z entuzjazmem, ale być może pojawienie się takich restauracji i komercyjnych upraw to jedynie kwestia czasu.

Jeśli chodzi o uprawy balkonowe, trzeba mieć na względzie również inny istotny aspekt, mianowicie to, że różne gatunki roślin w różnym stopniu kumulują toksyny. Najbardziej narażone są wszelkie warzywa liściaste, a na drugim miejscu znajdują się warzywa kapustne i korzeniowe. Jeśli więc wasz balkon znajduje się w miejscach o bardzo silnie zanieczyszczonym powietrzu, lepiej z tych roślin zrezygnować i postawić na inne gatunki. Te, których część jadalną stanowią owoce (takie jak pomidory, papryki, strączki, wszelkie dyniowate), chłoną najmniej metali ciężkich, gdyż ich liście działają jak naturalne filtry – gromadzą w sobie zanieczyszczenia. Warto też wiedzieć, że substancje toksyczne zbierają się w największej ilości na skórkach warzyw i owoców, dlatego zawsze należy pamiętać, by przed spożyciem dokładnie je umyć, a jeśli to możliwe – obrać.

Jeśli uprawiacie rośliny w pojemnikach, to właściwie jedynym zmartwieniem są wspomniane zanieczyszczenia powietrza. Podłoże w większości przypadków kupuje się w postaci gotowych mieszanek i wymienia regularnie. Jeśli chcecie do upraw balkonowych wykorzystać ziemię z ogródka lub kusi was, by zasadzić coś przed blokiem, to warto dodatkowo pomyśleć o potencjalnych zanieczyszczeniach gleby. Uprawiając rośliny jadalne na terenie miejskim, bezpieczniej jest założyć, że gleba, w której rosną, może być skażona metalami ciężkimi oraz substancjami z pobliskich zakładów produkcyjnych. Nie musi, ale może – warto o tym pamiętać. Teoretycznie można wykonać badania gruntu przed założeniem uprawy, ale tak czy inaczej, bezpieczniej jest zabezpieczyć podłoże. Dobrym rozwiązaniem okazuje się sadzenie roślin w podniesionych grządkach ze świeżą ziemią zamiast w bezpośrednio dostępnym podłożu. Takie grządki warto również oddzielić od podłoża, na przykład warstwą kartonów.

Co ciekawe, w oczyszczeniu upraw ze szkodliwych metali ciężkich mogą pomóc grzyby. Istnieją specjalne szczepy grzybów mikoryzowych, które po wprowadzeniu do ziemi w pobliżu upraw znacznie zmniejszają wchłanianie metali ciężkich i toksyn przez korzenie roślin. Zdolność neutralizacji metali ciężkich ma również węgiel brunatny. Jeśli uprawiamy warzywa w ogrodzie znajdującym się na terenie miasta, jesienią zaleca się przekopać 10–15 litrów drobnego węgla na 100 m^2 ziemi. Ten zabieg sprawi, że nasze uprawy w kolejnym sezonie będą zdecydowanie zdrowsze. Możemy również dorzucić łyżkę węgla drobnej frakcji na każdy litr ziemi do naszych balkonowych doniczek. Dodatek ten pomoże nam również ochronić rośliny przed chorobami grzybowymi. Trzeba jednak uważać, gdyż węgiel zmienia pH podłoża na bardziej zasadowe i jeśli jego zawartość będzie zbyt duża, może okazać się to szkodliwe dla niektórych roślin.

Pamiętajcie!
Uprawa roślin jadalnych w miastach jest bezpieczna, jeśli podchodzimy do niej świadomie. Jeżeli balkon znajduje się bezpośrednio nad ruchliwą ulicą, zdecydowanie nie polecam uprawy np. sałaty, w której bardzo kumulują się zanieczyszczenia. Natomiast jeśli mieszkacie na osiedlu, gdzie nie ma dużego ruchu samochodowego lub balkon jest oddzielony od spalin szpalerem drzew czy drugim budynkiem, uprawy są bezpieczne.

Przykładowe rośliny

Jedną z największych zalet uprawy roślin jadalnych na balkonie jest niemal całkowity brak ograniczeń, jeśli chodzi o dobór odmian. Jeśli nam przyjdzie ochota, możemy uprawiać żółte truskawki, zielone pomidory czy fioletowe marchewki. Produkując jedzenie samodzielnie, nie musimy zawężać wyboru jedynie do rodzajów występujących w sklepach. Możemy próbować i doświadczać do woli. Jednocześnie możemy ocalić od zapomnienia wiele ciekawych odmian warzyw i owoców. Świat tych nawet najbardziej niespotykanych staje przed nami – i nie tylko przed nami – otworem. Być może sąsiedzi będą z ciekawością obserwować nasze poczynania i zapytają o nasze uprawy, a znajomi, których zaprosimy na kolację, zafascynują się mnogością odmian pomidorów w sałatce. My sami, poznawszy kolejne smaki i kolory, będziemy o nich opowiadać każdemu, kto będzie chciał słuchać. Nic nie stoi jednak na przeszkodzie, aby uprawiać tylko rośliny tradycyjne, znane nam od lat.

1 | Pomidory

Jak pewnie zdążyliście się domyślić, pomidor to mój zdecydowany faworyt! Co prawda, nie jest najłatwiejszy w uprawie spośród roślin wymienionych w tej części książki, ale całkowicie skradł moje serce i... balkon. Od kilku lat co sezon uprawiam przynajmniej dziesięć różnych odmian. Głównie są to pomidorki koktajlowe, choć czasem zdarza mi się przetestować odmiany o większych owocach. Wtedy z reguły plony nie są duże – z jednego krzaka otrzymuję zazwyczaj tylko kilka owoców – ale i tak sprawia mi to dużą radość. Staram się co roku wypróbowywać nowe odmiany. Zapamiętuję te ulubione, aby kiedyś do nich wrócić, ale ostatecznie najbardziej kuszące okazują się nieznane mi jeszcze smaki.

Dodatkowym atutem uprawy pomidora jest to, że zapach jego liści odstrasza komary. Teoretycznie wystarczy jedna gałązka na parapecie, ale wolę się dobrze zabezpieczyć i przy oknach mam ich cały szpaler.

Terminy

Pomidory możemy albo wysiać sami, albo kupić wyrośnięte sadzonki, gotowe do posadzenia na balkonie. Jeśli zdecydujemy się na produkcję własnej rozsady, to idealnym terminem na wysiew jest druga połowa marca. Sadzonki natomiast najlepiej kupić w połowie maja, kiedy nie ma już ryzyka nocnych przymrozków.

Wszystkie terminy, o jakich tutaj mowa, podaję jako orientacyjne – niekoniecznie musicie się do nich stosować, jednak wówczas trzeba wykonać pewne dodatkowe zabiegi. Teoretycznie wszystko można uprawiać przez cały rok, jeśli zapewnimy roślinom warunki jak w ciepłej szklarni. Jak już wspomniałam, niektórzy wysiewają rośliny wcześniej, nawet w styczniu czy lutym, po czym doświetlają je i dogrzewają. Należy jedynie pamiętać, że w pewnym momencie roślina będzie na tyle duża, iż zacznie potrzebować więcej przestrzeni i większych pojemników. Gdy będziecie korzystać z proponowanych przeze mnie terminów, moment ten powinien się zbiec z porą wysadzenia roślin na miejsce docelowe, na przykład na balkon. W przeciwnym razie przygotujcie się na to, że w mieszkaniu będziecie mieć spore już sadzonki, a pogoda na zewnątrz nie będzie jeszcze sprzyjać wyniesieniu ich z domu. Z kolei w przypadku zbyt późnego wysiewu może się okazać, że rośliny nie zdążą wydać plonów przed nadejściem jesiennych chłodów.

Produkcja rozsady pomidora

Okienko czasowe do wysiewu nasion pomidora zaczyna się w połowie marca, a kończy w połowie kwietnia. Poszukajmy ciepłego, słonecznego miejsca. Idealnie nada się do tego okienny parapet, najlepiej od strony południowej – nasza rozsada potrzebuje jak najwięcej światła. Nasiona pomidora siejemy od razu do ziemi w odstępach około 1 cm, na głębokość około 0,5 cm. Podlewamy je i czekamy. Pierwsze kiełki powinniśmy zauważyć po upływie około 2–3 tygodni.

W chwili gdy nasze siewki będą miały już kilka centymetrów wysokości oraz przynajmniej jedną parę liści właściwych, przychodzi czas na pikowanie, na przykład do kubeczków po jogurtach. Po tym zabiegu możemy zacząć lekkie zasilanie małymi dawkami nawozu (połową dawki dla dorosłej rośliny), mniej więcej raz na 10 dni.

Jest szansa, że w tych kubeczkach pomidory dotrwają do połowy maja, kiedy będziemy mogli spokojnie wysadzić je na miejsce docelowe. Jeśli jednak nasze warunki i pielęgnacja będą im wyjątkowo sprzyjać, do tego czasu konieczne będzie jeszcze jedno przesadzenie do większych pojemników. Poznamy ten moment po tym, że sadzonka będzie już bardzo wysoka (około 20 cm), a jej bryła korzeniowa okaże się mocno przerośnięta (nie będzie już miejsca na nowe korzenie). Wtedy warto przesadzić pomidora raz jeszcze, tym razem do pojemnika wielkości kubka po dużym jogurcie (około 0,5 litra).

Obojętnie, czy kupujemy gotowe sadzonki, czy produkujemy własną rozsadę, w połowie maja przychodzi czas na przesadzenie roślin na stałe miejsce. Pomidor – w zależności od odmiany – potrzebuje doniczki o pojemności 5–20 litrów. W małych doniczkach, nawet zwykłych skrzynkach balkonowych, spokojnie zmieści się mała odmiana jak Balkoni Red czy zwisający Tumbling Tom. W takich pojemnikach poradzą sobie również odmiany karłowe. Przeciętny wysoko rosnący koktajlowy pomidor potrzebuje pojemnika o pojemności 10–15 litrów i głębokości 30–40 cm. Natomiast jeśli najdzie nas ochota na odmiany o większych owocach, polecam na jedną sadzonkę przeznaczyć około 20 litrów podłoża. Jeżeli chcemy posadzić więcej pomidorów w jednej donicy, należy im zapewnić około 40 cm odstępu między sadzonkami.

Ziemia do uprawy pomidora powinna być żyzna i przepuszczalna. Najlepiej aby była to mieszanka torfów połączona z niewielką ilością piasku. Pamiętajmy również, aby na dnie doniczki znalazła się warstwa odpływowa, czyli drenaż, na przykład w postaci keramzytu.

Sadzonki wsadzamy głęboko, aż po pierwszą parę liści właściwych. Pomidor jest zdolny do wytwarzania korzeni na całej łodydze, więc warto to wykorzystać. Dodatkowym trikiem jest lekkie zgięcie łodygi pod ziemią – jeśli się da, to nawet do 90 stopni. Uważajmy jednak bardzo, aby jej nie złamać.

Dzięki takiemu zabiegowi pomidor zyska silniejszy system korzeniowy, cała sadzonka będzie stabilniejsza i będzie lepiej rosła.

Aby wykorzystać przestrzeń w donicy wokół sadzonki pomidora, możemy dosadzić na przykład sałatę, nagietki, aksamitki, czosnek i cebulę na szczypior, rzodkiewki czy zioła takie jak bazylia czy oregano. Nie poleca się sadzenia przy pomidorze papryki, gdyż jak już wcześniej wyjaśniałam, sadzonki będą ze sobą konkurować.

Pielęgnacja

Pomidory są dość łatwe w uprawie: potrzebują słońca, wody i nawozu. Najlepiej będą się czuły na stanowisku słonecznym, czyli takim, gdzie słońce operuje przez minimum 6 godzin dziennie. Podlewać je należy rzadziej, ale bardzo obficie, tak aby woda przeniknęła do głębszych warstw ziemi. W ten sposób korzenie zostaną pobudzone do rozrastania się w głąb doniczki. Przy częstszym nawadnianiu bryła korzeniowa nie rozrasta się aż tak mocno, bo nie ma takiej potrzeby. Przez większość sezonu, wykluczając najbardziej upalne dni, pomidory możemy podlewać nawet 1–2 razy w tygodniu. Najlepiej o poranku, zanim jeszcze słońce zacznie mocno grzać. Jeśli nie damy rady podlać sadzonek rano, możemy to zrobić wieczorem lub

po prostu w pochmurny dzień. Ważne, aby nie podlewać pomidorów w pełnym słońcu. (Rada ta tyczy się wszystkich roślin). Pamiętajmy, aby nie pozwolić całej ziemi wyschnąć. Podłoże pomidorów powinno być cały czas lekko wilgotne, przynajmniej jeśli chodzi o dolną jego część. W momencie kiedy regularnie będziemy doprowadzać do mocnego przesuszenia podłoża, pomidory nie będą w stanie skutecznie pobierać składników mineralnych z ziemi. Te zaś są im potrzebne, zwłaszcza wapń, gdyż jego brak często skutkuje zgnilizną wierzchołkową pomidorów (która to choroba objawia się suchymi plamami na spodzie owoców).

Pomidory uprawiane w donicach zawsze wymagają nawożenia. Moim zdaniem najlepsze dla pomidorów są nawozy płynne, dodawane do wody używanej do podlewania sadzonek. Do nas należy decyzja, czy zechcemy do nawożenia użyć gnojówki z pokrzyw, czy nawozu ze sklepu. W tym drugim wypadku najlepiej sprawdzą się te przeznaczone specjalnie do pomidorów i papryk, gdyż mają dopasowany do nich skład mineralny. Można jednak użyć też nawozu uniwersalnego. Nie będzie miał tak spektakularnego działania jak te specjalistyczne, ale też wspomoże roślinę. Dodajemy nawóz do wody raz na 7–10 dni.

Pomidory są wiatropylne, co oznacza, że ich kwiaty zapylają się same i wystarczy do tego wiatr lub lekkie potrząsanie krzaczkami. Nie wymagają żadnych specjalnych zabiegów, aby wykształciły owoce. Teoretycznie wystarczy zapewnić im opisane wyżej optymalne warunki, a roślina sama zrobi resztę. Nam pozostanie cieszyć się kolorowymi plonami. Jest jednak kilka pielęgnacyjnych trików, które pomogą nam utrzymać nasze sadzonki w dobrej kondycji.

Podpory

Nie wszystkie odmiany ich wymagają (nie podpieramy odmian karłowych ani zwisających), ale zdecydowana większość pomidorów będzie potrzebować podpór. Najczęściej sięgamy w tym celu po kijki bambusowe, jednak przy większych odmianach mogą się one okazać niezbyt stabilne. Możemy podpierać pomidory przy barierce czy kratce. Dobrze sprawdzają się też „klatki", czyli otoczenie sadzonki na przykład siatką ogrodową. Rozwiązań jest naprawdę wiele, liczy się jedynie, by krzaczki miały jakieś podparcie.

Opryski

Warto regularnie spryskiwać roślinę wzmacniającymi i ochronnymi specyfikami. Szczególnie polecam ziołowy preparat z dodatkiem sody oczyszczonej, który jest bardzo prosty do wykonania w domu (przepis znajdziecie na stronie 107 i 134). Jeśli będziemy opryskiwać nasze pomidory regularnie – mniej więcej raz na 2 tygodnie – staną się dużo odporniejsze na choroby i plagi szkodników. Opryski, tak jak podlewanie, najlepiej wykonywać rano, ewentualnie wieczorem lub przy pochmurnej pogodzie. Nigdy nie pryskajmy w pełnym słońcu! Promienie poparzą mokrą roślinę.

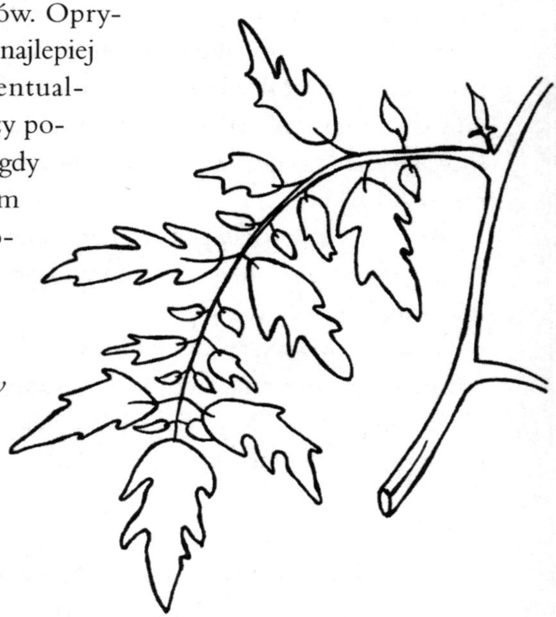

Obrywanie dolnych liści i przerzedzanie krzaczków

Poleca się obrywanie dolnych liści pomidora. Przy wyższych odmianach (osiągających ponad metr wysokości) zostawmy nad ziemią około 20 cm bezlistnej łodygi. Z powodów wcześniej opisanych zmniejszymy dzięki temu ryzyko wystąpienia chorób grzybowych.

Kolejnymi częściami rośliny, które warto usuwać z krzaczków pomidorów, są tak zwane wilki.

„Wilki" to drobniejsze łodygi wyrastające z połączenia głównej łodygi z liściem. Najlepiej je usuwać, póki są jeszcze malutkie, wtedy bardzo łatwo oberwiemy je palcami. W ten sposób będziemy prowadzić pomidora w formie jednego pędu, a tym samym zapewnimy sobie obfitsze plony. Jeśli wyczytamy, że daną odmianę można prowadzić na dwa pędy, oznacza to, że spokojnie możemy zostawić pierwszego „wilka" przy życiu.

„Wilki" niekoniecznie muszą trafić do kosza (czy na kompost). Jeśli obrywamy już większe pędy, możemy je ukorzenić i w ten sposób wyprodukować kolejne sadzonki. W tym celu umieszczamy oberwane łodygi w pojemniku z wodą. Pomidor ukorzenia się bardzo szybko, bo już po kilku dniach.

Uwaga! Nie robimy tego przy odmianach karłowych i zwisających.

W momencie kiedy pomidory są już mocno rozrośnięte, warto usunąć część liści. Nie bójcie się, że osłabi to roślinę. Wręcz przeciwnie – wyjdzie jej to na zdrowie. Nie jest to zadanie trudne, po prostu obrywamy liście w miejscach, gdzie pojawiło się ich za dużo. Jak już wspominałam, dżungla przylegających do siebie liści sprzyja rozwojowi chorób grzybiczych, warto więc czasami trochę ją przerzedzić. Nie tylko zapewnimy w ten sposób roślinom lepszą cyrkulację powietrza, ale również umożliwimy owocom dostęp do większej ilości promieni słonecznych. Im więcej słońca, tym szybciej nasze owoce dojrzeją.

Zbieranie nasion

Jeśli któraś z posiadanych odmian nam bardzo zasmakuje, warto pozyskać z niej nasiona, aby wysiać ją w kolejnym sezonie lub obdarować nimi znajomych. Instrukcję, jak to zrobić, znajdziecie na stronach 112–114.

Co, jeśli pomidory nie zdążą dojrzeć?

Często zdarza się tak, że jesienią na naszych pomidorowych krzakach będzie jeszcze dużo niedojrzałych owoców. Należy je zebrać, zanim przyjdą przymrozki, i ułożyć w kartonie. Taki karton powinniśmy wstawić do chłodnej, ciemnej spiżarni lub do piwnicy. Większe sztuki możemy dodatkowo owinąć w papier. Spokojnie, jeszcze dojrzeją.

Kilka ciekawych odmian

Odmian pomidorów jest mnóstwo i pewnie każdy ogrodnik będzie miał do polecenia własne. Poniżej wymieniam kilku moich faworytów.

Koralik

Balkonowa klasyka, bardzo lubiany przez dzieci. Tworzy wiele gron z małymi czerwonymi okrągłymi pomidorkami. To jedna z tych odmian, przy których nic nie trzeba robić, nic nie trzeba obrywać, wystarczy zasadzić krzaczek i pozwolić mu rosnąć. Należy tylko mieć na względzie to, że koralik mocno rozrasta się na boki, więc będzie potrzebował trochę więcej przestrzeni. Można go jednak potraktować jako odmianę zwisającą i na przykład ustawić na górnej półce regału.

Cytrynek groniasty

Moja ulubiona żółta odmiana. Rośnie bardzo wysoko, niezbędna więc będzie solidna podpora. Żółte pomidory są z reguły słodsze od czerwonych. Poleca się go prowadzić na jeden pęd, czyli obrywać mu wszystkie „wilki".

Żółty gruszkowy

Podobny do cytrynka, od którego różni się w zasadzie tylko kształtem. Jego owoce mają lekko podłużny gruszkowy kształt i również są bardzo słodkie. Nie rośnie aż tak wysoko jak cytrynek, ale też trzeba go podeprzeć. Można mu pozostawić 2–3 pędy (czyli nie obrywać dolnych „wilków").

Violet Jasper

Pomidor ciut większy od poprzednich. Jego owoce osiągają wagę do około 70 g. Są to okrągłe, paskowane kulki w kolorze ciemnoczerwonym z zielonymi akcentami. Jest to niewątpliwie jeden z bardziej oryginalnych kolorystycznie pomidorów i z pewnością zwróci uwagę każdego, kogo nim poczęstujecie. Owoce tej odmiany są bardzo słodkie. Jedynym ich mankamentem jest ciut grubsza skórka, ale jeśli nam to przeszkadza, możemy pomidory sparzyć i ją obrać. Violet Jasper można prowadzić na 1–2 pędy. Rośnie dość wysoko, wymaga solidnej podpory.

Balkoni Red
Jedna z popularniejszych odmian balkonowych, szczególnie polecana przy niewielkiej przestrzeni. Pomidor ten rośnie na małych krzaczkach i z powodzeniem można go sadzić nawet w skrzynkach balkonowych czy w doniczkach na barierce balkonowej po dwie sadzonki na pojemnik 40 cm. Nie trzeba również obrywać żadnych pędów ani zapewniać podpór. Świetnie nada się również na parapety w mieszkaniu.

Złoty Ożarowski
Pomidor o trochę większych, a więc i cięższych owocach (100–120 g), koloru żółtopomarańczowego. Rośnie wysoko, potrzebuje silnego wsparcia. Najlepiej prowadzić go na 2–3 pędy. Odmiana ta jest również bardzo odporna na choroby.

Rumba Ożarowska
Odmiana czerwonego pomidora, również o większych owocach (około 100 g wagi), karłowata, o krzaczastym pokroju. Wymaga palikowania, ale nie trzeba jej obrywać „wilków". Bardzo odporna na choroby. Jej owoce świetnie nadają się na przeciery. Najprawdopodobniej na balkonie nie otrzymacie na tyle obfitych plonów, aby zapełnić całą spiżarkę, ale może uda się wam zrobić choć kilka słoików z domowym ketchupem.

Chocolate Cherry
Mój ulubiony pomidor wśród ciemnych odmian. W smaku przypomina skrzyżowanie winogrona z klasycznym pomidorem. Rośnie bardzo wysoko, wymaga mocnego podparcia. Można go prowadzić na 2–3 pędy.

Snow White
Chyba najsłodszy pomidor, jakiego jadłam! Rodzi małe, okrągłe owoce, tak jasnożółte, że niemal białe. Rośnie bardzo wysoko, dobrze jest go prowadzić na 1–2 pędy.

Black Cherry
Black Cherry ma smak lekko kwaskowaty, więc na pewno przypadnie do gustu osobom szukającym odmiany od pomidorowej słodyczy. Wykształca niewielkie, okrągłe owoce w kolorze bardzo ciemnej czerwieni, wpadające w brąz. Rośnie bardzo wysoko, wymaga silnej podpory. Możemy prowadzić go na 2–3 pędy.

2 | Papryki chili

Choć nie przepadam za bardzo ostrymi potrawami, co roku hoduję na balkonie papryczki chili. Na koniec sezonu zbieram je, suszę i mielę, aby przez resztę roku używać ich jako ostrej przyprawy. Taki proszek świetnie sprawdzi się jako dodatek do rosołu czy kakao w długie zimowe wieczory.

Terminy

Ostre papryczki, aby urosnąć, potrzebują trochę więcej czasu niż pomidory, w związku z czym polecam wysiewać je już w połowie lutego. Dorosłe rośliny nie są wielkie, więc w razie potrzeby można je przetrzymać w mieszkaniu, nawet już w doniczkach docelowych. Choć w naszym klimacie ostra papryka z reguły uprawiana jest jako roślina jednoroczna, w warunkach domowych zimuje bez większych problemów. Teoretycznie wystarczy jasny parapet i papryka powinna przetrwać do kolejnego sezonu. Na zewnątrz wystawiamy ją – podobnie jak pomidora – w połowie maja, kiedy minie już ryzyko przymrozków.

Produkcja rozsady papryki

Najlepszym momentem na rozpoczęcie wysiewu jest połowa lutego. Najpóźniej trzeba to zrobić do około połowy marca, gdyż rośliny wysiane później mogą nie zdążyć wydać owoców przed nadejściem chłodów. Paprykę rozmnażamy w zasadzie tak samo jak pomidory, jednak z uwagi na nieco dłuższy czas kiełkowania polecam najpierw podkiełkować nasiona na wacie, zamiast wrzucać je od razu do ziemi. Ten sposób można wykorzystać przy wszelkich innych większych nasionach, jeśli chcemy przyspieszyć proces.

W tym celu wykładamy watą lub ligniną płaski pojemnik – można użyć na przykład pojemnika po pieczarkach czy tacki po serach lub wędlinach. Watę lekko moczymy – ważne, aby była wilgotna, ale nie mokra. Układamy na niej nasionka w odstępach około 1 cm. Całość przykrywamy przezroczystą folią spożywczą i robimy w niej dziurki (na przykład wykałaczką), aby zapewnić nasionom dostęp powietrza. Taką tackę ustawiamy w ciepłym miejscu. Papryka najlepiej kiełkuje w wysokiej temperaturze (25–30 stopni Celsjusza). Idealnym miejscem będą okolice łazienkowego kaloryfera, gdyż na tym etapie nasiona nie potrzebują jeszcze dostępu słońca.

W ciągu 1–2 tygodni powinniśmy zauważyć pierwsze kiełki, które przesadzamy, kiedy osiągną długość 3–5 mm. Ważne jest, aby przesadzić kiełki do ziemi, zanim wrosną w watę. Jeśli przegapimy ten moment, musimy być bardzo ostrożni przy przenoszeniu kiełków, aby ich nie uszkodzić, oddzielając je od podłoża. Kiełki umieszczamy na głębokości około 1 cm w odległościach 2–3 cm, w przepuszczalnej ziemi (może być mieszanka przeznaczona do wysiewu) w doniczkach rozsadowych, na przykład małych kubeczkach po jogurtach czy śmietanie. Polecam kubeczki również przykryć podziurkowaną folią, aby zapewnić paprykom optymalne warunki. Pojemniczki ustawiamy w ciepłym, tym razem jasnym miejscu, jak parapet przy południowym oknie. Podlewamy delikatnie – lepiej mniej, a częściej, gdyż małe papryki są wrażliwe na zalanie.

W momencie kiedy pojawi się pierwsza para liści właściwych (nie liścieni!), rozsadzamy papryki do kubeczków pojedynczo i tak samo jak w przypadku pomidorów zaczynamy delikatne nawożenie. Jeśli wszystko pójdzie dobrze, sadzonki wytrwają w tych pojemnikach do połowy maja, kiedy to wysadzimy je na miejsce docelowe (czy to w domu, czy na balkonie). Trzeba też pamiętać, że papryka najpierw pracuje nad wykształceniem systemu korzeniowego, a potem części naziemnej. Dlatego często po przesadzeniu obserwujemy pozorne zahamowanie wzrostu. Nic bardziej mylnego! Nasza roślina po prostu skupia się na korzeniach. Rozrost naziemnych części zielonych nastąpi dopiero na kolejnym etapie.

Pielęgnacja

Wymagania związane z uprawą papryki chili są bardzo podobne do wymagań pomidorów – te pierwsze tak samo jak drugie potrzebują wody, słońca i nawozu. Zajmują jednak dużo mniej miejsca. Na jedną sadzonkę spokojnie wystarczy doniczka o pojemności 2–5 litrów. Papryki dużo lepiej jest przesuszyć, niż przelać, wobec tego podlewamy je rzadziej, ale bardziej obficie. Warto pamiętać, że lekkie przesuszenie podłoża pomaga tym roślinom lepiej rosnąć! Przez większość sezonu wystarczy doglądnąć ich raz w tygodniu, w cieplejsze dni może być konieczne podlewanie co drugi dzień. Po papryce bardzo szybko widać moment, kiedy ma już za mało wody – jej liście wtedy opadają. Kilka godzin po podlaniu powinny się już podnieść do prawidłowej pozycji.

Papryka preferuje stanowiska słoneczne, potrzebuje minimum 6 godzin pełnego słońca w ciągu dnia. Tak samo dobrze będzie się czuć w mieszkaniu jak i na balkonie.

Papryki wymagają regularnego zasilania, mniej więcej raz na 10–14 dni. Najlepiej użyć nawozu specjalnie przeznaczonego do papryk i pomidorów, ale sprawdzi się również nawóz uniwersalny.

Jedyną problematyczną kwestią przy uprawie papryk może być zapylanie kwiatów. W przeciwieństwie do pomidorów, którym do zapylenia wystarczy wiatr, papryka potrzebuje zapylaczy. Jeśli nasze rośliny stoją na balkonie, całą robotę powinny wykonać za nas owady. Siadając na kwiatkach, będą strącać i przenosić pyłek, dzięki czemu kwiaty zostaną zapylone. Jeśli jednak mieszkamy na wysokim piętrze i nie ma u nas owadów zapylających lub trzymamy rośliny w mieszkaniu, musimy zrobić to sami. W tym celu wystarczy miękki pędzelek lub patyczek kosmetyczny, którym po kolei dotykamy lekko każdego kwiatu, aby delikatnie obsypać pyłek. Trzeba jedynie pamiętać, aby do każdej odmiany użyć osobnego patyczka lub pędzelka i zapylać kwiaty papryki pyłkiem tylko z jednej odmiany. Jeżeli nie chcemy posługiwać się pędzelkiem, możemy spróbować delikatnie potrząsać rośliny od czasu do czasu. Jeśli jednak będziemy obserwować, że kwiaty opadają i nie wykształcają się z nich owoce, to warto roślinie pomóc, tak jak opisano powyżej.

Papryka owocuje od późnego lata do późnej jesieni, póki pogoda sprzyja. Jeśli owoce nie zdążą dojrzeć na krzaku, możemy je zerwać i pozwolić im dojrzeć nawet na blacie kuchennym.

Formowanie

Ostre papryki, w zależności od odmiany, mogą wymagać delikatnego formowania. Najprostszym sposobem jest obrywanie pierwszych kwiatów. Ma to dodatkową zaletę, gdyż w momencie kiedy nastaje okres kwitnienia, znaczna część energii rośliny jest pożytkowana właśnie na rozwój kwiatów. Dlatego zaleca się usuwać te pierwsze, dopóki roślina nie osiągnie pożądanych przez nas rozmiarów. Wtedy niech kwitnie i owocuje do woli.

Większość sadzonek formujemy poprzez ucinanie im stożków wzrostu, czyli czubka rośliny (miejsca, w którym wykształca nowe liście).

Możemy urwać na przykład 1–2 pary górnych liści razem z przylegającą łodygą. W ten sposób zachęcamy roślinę do rozrastania się na boki. Jeśli tego nie zrobimy, najprawdopodobniej otrzymamy bardzo wysoką, chudą roślinę oraz niewielkie plony. Dobrze by było, aby każde nasze cięcie zachęcało paprykę do rozrastania się na zewnątrz. Im więcej rosnących w bok łodyg, tym większe będą plony oraz tym łatwiej przyjdzie naszej papryce dźwiganie ciężaru owoców. Choć i tak warto wspomóc ją dodatkowo nawet cienkim patyczkiem – można w tym celu wykorzystać na przykład podpory do storczyków.

W internecie możecie znaleźć filmiki zachęcające do bardzo odważnego przycinania papryki. Takie metody sprawdzają się, kiedy mamy długie i gorące lato. W polskim klimacie jednak – szczególnie jeśli uprawiamy papryczki chili jako rośliny jednoroczne – trzeba pamiętać o tym, że nasze sadzonki muszą zdążyć wydać plony. Każde cięcie spowalnia wzrost rośliny, dlatego lojalnie ostrzegam, aby nie ciąć ich za mocno!

Jakie odmiany wybrać?

Przy wyborze odmiany papryki chili warto kierować się nie tylko jej wyglądem, ale również ostrością. Znajdziemy zarówno papryki jedynie lekko ostre, jak i naprawdę mocno piekące. Tu wszystko zależy od osobistych preferencji – dla każdego coś smacznego! Ostrość papryki mierzy się na skali Scoville'a (SHU), która pokazuje, jaką zawartość kapsaicyny, czyli substancji odpowiadającej za odczuwaną przez nas ostrość, mają owoce poszczególnych odmian. A zakres ostrości jest szeroki. Ja z reguły wybieram papryki z dolnej części skali, ale znam osoby, które prześcigają się, aby wyhodować te o jak najostrzejszym smaku. Warto też pamiętać, że podobno jemy także oczami: znajdziemy mnóstwo pięknych, kolorowych papryczek i nawet jeśli będą bardzo ostre, istnieje duża szansa, że skuszą nas swoim wyglądem. Nie ma w tym niczego złego! Na koniec sezonu możecie tak jak ja zasuszyć i zemleć wszystkie owoce, a potem po prostu dodawać sproszkowaną paprykę do potraw w ilości odpowiedniej do waszych upodobań.

Skala ostrości papryk

Ilekroć będziecie zajmować się papryczkami chili, szczególnie przy pozyskiwaniu nasion czy jakiejkolwiek obróbce w kuchni, pamiętajcie o zabezpieczeniu! Bardzo łatwo jest się zapomnieć i potrzeć później tą samą ręką oko. Uwierzcie mi, nie jest to przyjemne, sprawdziłam na sobie. Od tej pory zawsze kładę na desce do krojenia ręcznik papierowy, a na dłonie zakładam rękawiczki. Obie te rzeczy wyrzucam od razu po skończonej pracy. Po co mi osłona deski do krojenia? Aby ostrość papryczki nie przeszła na kolejne produkty, które się na tej desce znajdą. Uważajcie też przy robieniu bardzo ostrych sosów. Często zapominamy, że zawarta w chili kapsaicyna potrafi wniknąć w patelnię lub garnek, zwłaszcza jeśli mają one powłokę teflonową. Może się okazać, że aby uzyskać ostrość kolejnych dań, wcale nie trzeba będzie dodawać do nich sosu! Wystarczą pozostałości z powłoki patelni.

I jeszcze jedno. Jeżeli będziecie testować ostrość papryk, pakując je do ust prosto z krzaka, może się okazać, że pieczenie w gardle będzie nie do wytrzymania. Dlatego miejcie zawsze pod ręką karton mleka. Nabiał najlepiej sobie radzi z neutralizowaniem ostrego smaku. Nigdy, przenigdy nie popijajcie papryczek wodą! Jedyne, co w ten sposób uzyskacie, to równomierne rozprowadzenie ostrych substancji po całej jamie ustnej. Jeśli zabraknie wam mleka, możecie sobie pomóc wysokoprocentowym alkoholem. On również dobrze neutralizuje kapsaicynę.

Wartość według skali	Rodzaj substancji chemicznej lub przyprawy
15 000 000–16 000 000	czysta kapsaicyna
5 000 000–5 300 000	gaz pieprzowy
2 480 000	papryka Dragon's Breath – najostrzejsza papryka chili, wyhodowana w 2017 r.
1 569 300	papryka Carolina Reaper – najostrzejsza papryka chili w *Księdze rekordów Guinnessa* z 2012 r.
1 463 700	papryka Trinidad Scorpion Butch T – najostrzejsza papryka chili w *Księdze rekordów Guinnessa* z 2011 r.
855 000–1 075 000	papryka Naga Jolokia – najostrzejsza papryka chili w *Księdze rekordów Guinnessa* z 2007 r.
876 000–970 000	papryka Dorset Naga – najostrzejsza papryka chili w *Księdze rekordów Guinnessa* z 2007 r.
350 000–580 000	papryka red savina
100 000–350 000	papryka habanero, Scotch bonnet, piri-piri, Hot Jamaican Chili
50 000–100 000	chili Bird's Eye, Thai chili, chili Indian pepper
30 000–50 000	Cayenne, Lemon Drop
10 000–23 000	papryka serrano, lilttle elf
2 500–8 000	papryka Jalapeño, przyprawa tabasco
500–2500	papryka anaheim, Peppadew
100–500	papryka pimento, Pepperoni
0	słodka papryka roczna

3 | Rzodkiewki

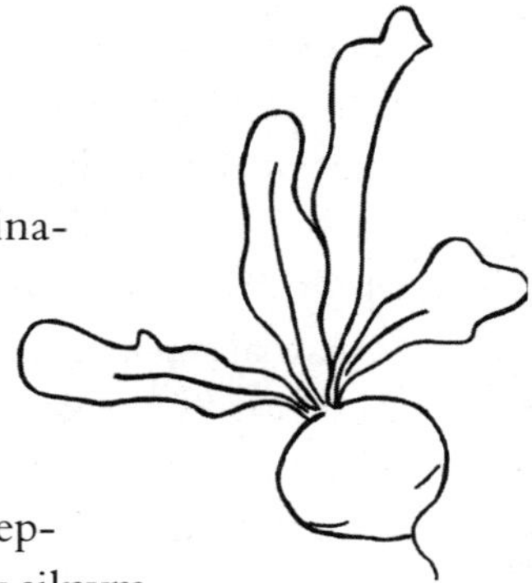

Rzodkiewki są bardzo wdzięcznymi roślinami do uprawy w pojemnikach. Nie mają wysokich wymagań, wystarczy im pojemnik o głębokości zaledwie 10–15 cm centymetrów, więc możemy je wysiać do tradycyjnych skrzynek balkonowych. Najlepsze jest stanowisko słoneczne, jednak przy silnym nasłonecznieniu łatwo o przerost i zdrewnienie korzenia. Dlatego często rzodkiewki uprawiamy wczesną wiosną i późnym latem, a nie w środku sezonu, aby nie narażać ich na zbyt wysokie temperatury. Rośliny te najlepiej wysiewać od marca do maja oraz w sierpniu. Jeśli będziemy to robić regularnie w odstępach 2–3-tygodniowych, zapewnimy sobie świeże plony przez większość sezonu. Jeżeli natomiast słońca będzie za mało, liście rzodkiewki zbytnio się rozrosną. I chociaż też są jadalne i smaczne (można na przykład dodawać je do sałatek lub przygotowywać z nich wyborne pesto!), z reguły najbardziej zależy nam na jadalnym korzeniu.

Pesto z liści rzodkiewki robimy prawie tak samo jak to bazyliowe. Liście z kilku rzodkiewek zmiksujcie razem z dwoma ząbkami czosnku, paroma łyżkami uprażonych nasion słonecznika i kilkoma łyżkami oliwy z oliwek. Jeśli będzie za gęste, wlejcie nieco więcej oliwy. Doprawcie do smaku solą, startym parmezanem lub płatkami drożdżowymi bądź sokiem z cytryny. Sprawdzi się świetnie jako dodatek do makaronu czy kanapek.

Rzodkiewki wysiewamy od razu w miejsce docelowe, nie robimy z nich rozsady. Nasiona są dość duże, więc najlepiej wysiać je od razu w odpowiednich odległościach. Siejemy na głębokość 1–2 cm w odstępach 5–10 cm. Jeśli wysiejemy je gęściej, po pojawieniu się liści trzeba będzie rzodkiewki przerwać, to znaczy usunąć zbędne siewki, pozostawiając poprawne odstępy między roślinami. Usunięte liście będą stanowiły smakowity dodatek do kanapek czy sałatek – szkoda je wyrzucać! Szczególnie że są cennym źródłem witaminy C, wapnia, potasu, fosforu i żelaza.

Rzodkiewki możemy również dosiać do innych roślin jako wypełnienie przestrzeni. Będą dobrym kompanem dla pomidorów, sałaty czy fasoli.

Rzodkiewki nie wymagają nawożenia. Należy więc uważać, jeśli sadzimy je z roślinami regularnie nawożonymi, gdyż nie lubią one nadmiaru azotu. Sprawia on, że korzenie drewnieją i nie nadają się do spożycia.

Podlewamy je co 2–3 dni, uważając, aby ich nie przesuszyć (zatrzymuje się wtedy ich wzrost) ani nie przelać (może to powodować gnicie korzeni).

4 Truskawki

Truskawki są chyba najczęściej uprawianymi owocami na balkonie. Ich smak lubi prawie każdy, a co roku w okolicach czerwca cała Polska licytuje się, gdzie truskawki są najtańsze i najsmaczniejsze. Możecie wygrać ten wyścig, jeśli poczęstujecie gości owocami z własnych upraw. Gwarantuję wam, że swoją słodyczą pokonają nawet lokalne truskawki w samym szczycie sezonu!

Kluczem do sukcesu w balkonowej uprawie truskawek jest dobór odpowiedniej odmiany; taka przeznaczona do uprawy polowej nie będzie dobrze rosła na balkonie, a owoce wyda zazwyczaj dopiero w drugim roku po posadzeniu. Dlatego bardzo ważne jest, aby przy zakupie sadzonki upewnić się, że jest ona przeznaczona do uprawy pojemnikowej.

Odmiany truskawek balkonowych możemy podzielić na trzy grupy:

- wczesne,
- późne,
- powtarzające owocowanie.

Truskawki z pierwszych dwóch grup będą owocowały raz do roku. Odmiany wczesne wydadzą owoce w czerwcu i lipcu, a późne – od początku lipca do sierpnia. Odmiany owocujące kilkakrotnie zaczynają w czerwcu i kończą wraz z jesiennymi przymrozkami. Jeśli więc chcemy sobie zapewnić dostęp świeżych owoców przez większość sezonu, możemy albo wybrać część odmian wczesnych, część późnych, albo posadzić tylko te powtarzające owocowanie.

Inną kwestią, na którą musimy zwrócić uwagę przy wyborze odmiany na nasz balkon, jest jej mrozoodporność. Wszystkie truskawki są mrozoodporne, jednak stopień mrozoodporności jest zróżnicowany. Jeśli chcemy sadzonki zimować na balkonie, zaleca się wybrać odmiany z dużą odpornością na mróz. Te delikatniejsze lepiej jest

zimować w gruncie. Tak czy inaczej wszystkie odmiany będą wymagały dodatkowego zabezpieczenia przed mrozem.

Sadzonki truskawek najlepiej kupić w połowie maja – wtedy bez stresu wysadzamy je od razu na balkon. Najbardziej odpowiada im stanowisko słoneczne, to sprzyja wykształceniu smacznych słodkich owoców. Często przyczyną problemów z uprawą truskawek jest głębokość ich posadzenia. Może zabrzmi to jak truizm, ale należy truskawki zasadzić poprawnie – nie za płytko i nie za głęboko. Cała bryła korzeniowa truskawki musi się znaleźć pod ziemią, a wszystkie jej łodygi – ponad nią. Korzeń nie powinien wystawać ponad powierzchnię ziemi, a łodygi nie powinny być częściowo zakopane.

Truskawki lubią wodę i obfite, regularne podlewanie. Trzeba jednak uważać – tak jak w przypadku pomidorów – by nie lać wody po liściach, tak aby rozeta (czyli miejsce, z którego wyrastają liście) pozostała sucha. Truskawki są niestety mocno podatne na wszelakie choroby grzybowe, a tym z kolei wilgoć mocno sprzyja. Jeśli zauważymy jakiekolwiek zmiany na liściach, warto je od razu obcinać oraz wykonać opryski przeciwgrzybicze.

Jak każde owocujące rośliny truskawki będą potrzebowały nawozu. W sklepach dostępne są mieszanki przeznaczone specjalnie do uprawy truskawek, ale można używać również nawozów uniwersalnych. Truskawki sadzimy do sporych donic, nie gęściej niż co 20–30 cm. Będą lepiej rosły w głębszych pojemnikach, o wysokości około 30 cm, choć dadzą sobie również radę w skrzynkach balkonowych. Dobrym rozwiązaniem jest posadzenie ich w doniczkach wiszących – kaskady pędów z owocami będą zwisały po bokach.

Odmiany owocujące jednokrotnie po zakończeniu owocowania możemy przyciąć przy samej ziemi. W przypadku truskawek powtarzających owocowanie obcinamy pędy, na których występowały owoce, na koniec sezonu lub wiosną.

Truskawki można uprawiać z nasion, jednak trzeba się uzbroić w cierpliwość, bo dość wolno kiełkują. Wysiew rozpoczynamy w lutym. Potrzebujemy bardzo przepuszczalnego podłoża do wysiewu, najlepiej wymieszanego z piaskiem. Nasiona truskawki lekko wklepujemy w ziemię i przysypujemy jak najcieńszą warstwą piasku. Ustawiamy pojemnik w ciepłym, jasnym miejscu i czekamy.

W momencie gdy pojawią się pierwsze liście (wystarczą 2–3), rozsadzamy siewki w odstępach około 5 cm. Na miejsce docelowe mogą trafić w połowie maja, po ustąpieniu przymrozków.

Dużo łatwiej jest truskawki rozmnażać przez ich rozłogi. Są to pędy, które truskawka wypuszcza w bok. Co jakiś czas na takim pędzie znajdzie się kępka liści. Wystarczy taką kępkę włożyć do ziemi i gdy tylko się ukorzeni, obciąć pęd z obu stron. W ten sposób powstaje nowa sadzonka.

Sadzonki truskawek posłużą nam na balkonie przez 2–3 lata. Po tym czasie trzeba będzie je wymienić na nowe.

Bardzo popularna stała się tak zwana **truskawka pnąca**. Nazwa może być myląca – truskawka nie jest pnączem i nie będzie się samodzielnie piąć po kratkach. W ten sposób nazywana jest odmiana truskawki wytwarzająca długie rozłogi, na których również znajdą się kwiaty i owoce. Świetnie nadaje się do donic wiszących lub uprawy na barierce, która pozwoli zwisać kaskadom owoców. Teoretycznie można ją również uprawiać przy kratce, będzie wtedy jednak wymagała podwiązywania rozłogów do podpory.

5 | Poziomki

Poziomki są często niedocenianym balkonowym owocem i zajmują miejsce w cieniu królujących wszędzie truskawek. Niesłusznie, bo są od nich łatwiejsze w uprawie i mniej podatne na choroby! Do tego w sezonie kupimy truskawki prawie na każdym rogu. A poziomki? Jeśli już uda nam się je znaleźć w sklepie, to są dostępne w bardzo małych ilościach i w relatywnie wysokich cenach. Dlatego zachęcam do posadzenia własnych poziomek na balkonie. Najmłodsi domownicy je pokochają.

Poziomki możemy kupić w formie sadzonek w połowie maja. Możemy też spróbować uprawy z nasion, która jest dużo łatwiejsza niż truskawek, szybciej też rosną. Plonów możemy się spodziewać jeszcze w tym samym roku.

Wysiewamy nasiona w połowie lutego, do bardzo przepuszczalnej ziemi, najlepiej wymieszanej z piaskiem. Nasiona poziomek są bardzo drobne, dlatego siejemy je delikatnie szczyptami i przysypujemy jak najcieńszą warstwą piasku. Stawiamy pojemnik w ciepłym, jasnym miejscu. Podlewamy bardzo ostrożnie, gdyż maleńkie nasiona będą bardzo podatne na wypłukanie. Aby tego uniknąć, a jednocześnie zapewnić odpowiednią ilość wilgoci, warto użyć spryskiwacza. Gdy poziomki będą już mieć po 2–3 listki, należy je przepikować. Minimalny odstęp między rozsadami powinien wynieść 5 cm. Alternatywą na tym etapie jest umieszczenie ich w wielodoniczkach.

Na miejsce stałe wysadzamy poziomki w połowie maja, gdy ustąpią przymrozki, zachowując odstępy między sadzonkami około 20 cm. Teoretycznie poziomki będą rosły i owocowały w lekko zacienionych miejscach, ale jeśli zapewnimy im więcej słońca, ich owoce będą słodsze. Regularnie podlewane i delikatnie nawożone będą pięknie owocować cały sezon. Szczególnie ważna jest systematyczność w podlewaniu, gdyż poziomki mają płytki system korzeniowy i źle reagują na przesuszenie. Więdną im wtedy liście i docelowo plon się pogarsza.

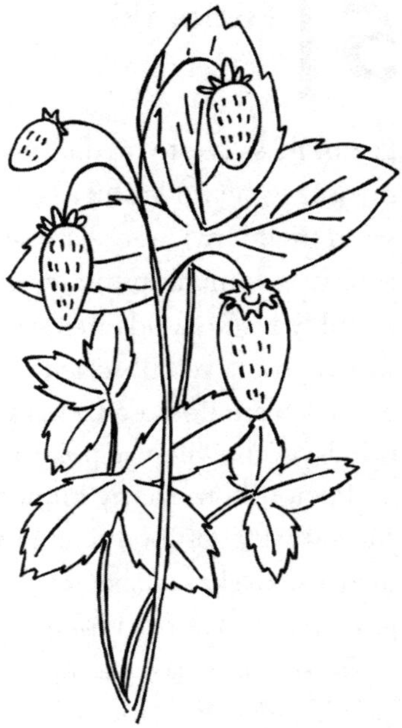

Poziomki są odporne na mróz, jednak aby przetrwać zimę w doniczkach na balkonie, będą potrzebowały solidnego zabezpieczenia, które pozwoli uniknąć przemarznięcia bryły korzeniowej.

Podobnie jak w przypadku truskawek, sadzonki posłużą nam około 3 lat, po czym trzeba będzie je wymienić na świeże.

6 | Lawenda

Lawenda jest bardzo ozdobną krzewinką o wspaniałym aromacie. Nic dziwnego więc, że coraz częściej można ją spotkać na balkonach. W donicach uprawia się najczęściej lawendę wąskolistną, gdyż najlepiej spośród innych odmian radzi sobie ona w naszym klimacie.

Uprawa lawendy nie jest trudna, jeśli tylko zapewnimy jej odpowiednie warunki. A wymagania ma właściwie takie same jak inne śródziemnomorskie zioła – tymianek czy rozmaryn. Potrzebuje słonecznego stanowiska i przepuszczalnej, żyznej ziemi. Tak jak w przypadku innych ziół możemy do jej uprawy użyć uniwersalnej ziemi do roślin ogrodowych wymieszanej z piaskiem.

Lawenda uprawiana w donicy będzie miała większe wymagania, jeśli chodzi o podlewanie, niż ta uprawiana w gruncie. Wystarczy podlewać ją 1–2 razy w tygodniu. Choć nie powinno się dopuścić do całkowitego wyschnięcia podłoża, zdecydowanie większym zagrożeniem dla lawendy jest jej przelanie. Dlatego – tak jak w przypadku innych roślin – dobrą praktyką jest zapewnienie odpływu nadmiaru wody z donicy dzięki otworom w jej dnie i grubej warstwie drenażu.

W odróżnieniu od innych ziół lawenda ma dość głęboki system korzeniowy, więc będzie lepiej rosła w głębszych doniczkach niż tych nadających się do uprawy oregano czy tymianku.

Aby utrzymać atrakcyjny wygląd krzewinki, należy wiosną (marzec/kwiecień) przyciąć jej pędy mniej więcej o połowę, nadając jej kulisty kształt. Musimy jednak uważać, aby ucinać jedynie zielone pędy, nie zdrewniałe, gdyż te drugie bardzo wolno się regenerują. Taki zabieg pozwoli nam zapewnić odpowiedni dostęp powietrza i słońca do wszystkich pędów lawendy, dzięki czemu będzie dużo ładniej rosła. Bez regularnego przycinania zdziczeje i nie będzie

zdobiła naszego balkonu. Cięcie najlepiej wykonać w ciepły, słoneczny dzień. Odciętych gałązek nie musicie wyrzucać, warto je wykorzystać do sosów lub herbat. Sugeruję jednak je wysuszyć i zużywać listki pomału przez cały sezon, ze względu na intensywny zapach.

Cięcie formujące możemy również wykonać jesienią. W ten sposób zahartujemy naszą lawendę i przygotujemy ją do przetrwania zimy. Wykonujemy je w ten sam sposób, skracając zielone pędy mniej więcej o połowę i nadając krzewince odpowiedni kształt. Na ten zabieg wybieramy ciepły, suchy, pochmurny dzień, mniej więcej na 4–6 tygodni, zanim pojawią się pierwsze przymrozki. Warto również przez całe lato regularnie przycinać przekwitające pędy. W ten sposób pobudzimy lawendę do kwitnienia przez cały sezon.

Najwięcej problemów może sprawiać zimowanie lawendy. Najlepiej jest przenieść ją na ten okres (poczynając od końca października) do chłodnego, jasnego pomieszczenia – na przykład nieogrzewanego garażu lub piwnicy. Niestety często nie mamy takiej możliwości. Wtedy zimującą na balkonie donicę trzeba porządnie zabezpieczyć. Zapewniamy jej izolację od spodu (styropianem lub grubym kartonem), a całość owijamy na przykład agrowłókniną. Z tej otuliny rozwijamy roślinę mniej więcej w kwietniu. Wtedy też zaczynamy na nowo ją podlewać.

Lawendę nabędziemy w formie gotowych sadzonek lub rozmnożymy ją z pędów wierzchołkowych, gdyż jej wysiew z nasion jest dość trudny i długotrwały. Sadzonki kupujemy w połowie maja, kiedy nie ma już ryzyka przymrozków. Wtedy możemy od razu rośliny wystawić na balkon.

Aby rozmnożyć lawendę z sadzonek wierzchołkowych, obcinamy zdrowe pędy o długości około 10 cm. Ważne, aby miejscem cięcia była już lekko zdrewniała ich część. Zabieg ten wykonujemy późnym latem, na przełomie sierpnia i września. Ucięte pędy zanurzamy w ukorzeniaczu i wkładamy do ziemi. Warto również obciąć takie pędy od góry i usunąć tym samym część liści. Pomoże to lawendzie skierować więcej energii na wytwarzanie korzenia. Młode egzemplarze powinny być gotowe do wysadzenia na wiosnę kolejnego roku.

Jeśli jednak najdzie nas ochota na małe wyzwanie i będziemy chcieli wysiać lawendę z nasion, najpierw będziemy musieli poddać je stratyfikacji. Stratyfikacją określa się czasowe mocne wychłodzenie nasion przed wysiewem, aby pobudzić je do kiełkowania. Niektóre rośliny, tak jak właśnie lawenda, bez tego zabiegu nie wykiełkują wcale. Cały proces rozpoczynamy na początku lutego. Będziemy potrzebować nasion lawendy i sterylnego (jałowego) piasku. Aby wyjałowić piasek, możemy go albo wypiec (wyparzyć) w piekarniku, albo zalać wrzątkiem i zagotować. Ostudzony piasek przesypujemy do pojemnika (kubka, tacki, filiżanki – cokolwiek mamy pod ręką), moczymy (jeśli był wyparzany w piekarniku), wsypujemy do niego nasiona lawendy i mieszamy. Całość przykrywamy szmatką i pokrywką, na przykład z talerzyka, i wkładamy do lodówki na miesiąc. Co jakiś czas należy do nasion zajrzeć, delikatnie je przemieszać i ewentualnie dolać trochę wody, gdyby nasza mieszanka mocno wyschła. Po tym czasie nasiona będą gotowe do wysiewu.

Do wysiewu lawendy będziecie potrzebować pojemnika z solidną warstwą drenażu oraz bardzo przepuszczalnym podłożem (sprawdzi się tu ziemia uniwersalna wymieszana z piaskiem). Na wierzch wysypcie mieszankę piasku i nasion i delikatnie ją rozgarnijcie, aby nasiona nie leżały na wierzchu. Ustawcie w ciepłym (minimum

18 stopni Celsjusza), jasnym miejscu i regularnie delikatnie zraszajcie, aby utrzymać w miarę stałą wilgotność.

Pierwsze zielone listki pojawią się po mniej więcej miesiącu. Wtedy też możemy zacząć wystawiać skrzynkę na zewnątrz w cieplejsze dni. Uwaga: nie wolno wystawić młodych siewek od razu na mocne słońce – musimy je do niego stopniowo przyzwyczajać. Gdy rośliny osiągną wysokość około 10 cm, czyli najprawdopodobniej na początku maja, rozsadzamy je do pojedynczych doniczek. Od tej chwili mogą stale przebywać na zewnątrz. Po upływie kolejnych 2–3 tygodni sadzonki będą gotowe do przeniesienia na miejsce stałe.

Jak widzicie, z wysiewem lawendy jest trochę zabawy. Często zdarza się również, że kupione nasiona mają niską kiełkowalność, dlatego lepiej jest ich wysiać więcej niż za mało. Jeśli natomiast lubicie ogrodnicze wyzwania, to na pewno jest to jedno z ciekawszych. Satysfakcja z samodzielnie wyhodowanej lawendy będzie ogromna. I ten aromat!

Pamiętajmy jednak, że jest to książka o roślinach jadalnych i lawenda znalazła się w tym zestawieniu nieprzypadkowo. Jej kwiaty i liście możecie dodawać do ciast, sałatek, lodów, sosów, a także do naparów, takich jak herbata czy kawa. Na koniec sezonu warto przyciąć zielone pędy i je ususzyć. W ten sposób będziemy mogli pić lawendową herbatę przez całą zimę!

7 Nagietki

Nagietki zawsze lokuję w sąsiedztwie pomidorów – co roku po prostu wciskam ich nasiona do pomidorowych doniczek. Nie dość, że pięknie wypełniają przestrzeń, to jeszcze tak samo jak aksamitki dezynfekują glebę, zapobiegając rozmnażaniu się nicieni (mikroskopijnych szkodników żyjących w glebie), które stanowią zagrożenie, także dla innych roślin. Dlatego warto siać nagietki razem z aksamitkami pomiędzy naszymi uprawami.

Kwiaty te najlepiej jest uprawiać właśnie z nasion, gdyż bardzo szybko rosną. Do tej pory umieszczałam nasiona w ziemi razem z wysadzeniem innych sadzonek w połowie maja, ale równie dobrym pomysłem, który najprawdopodobniej wprowadzę w życie w kolejnych sezonach, jest wysianie ich już pod koniec marca lub na początku kwietnia. Nagietki wysiewamy bezpośrednio do doniczki na zewnątrz. Nasiona są dość duże, więc zachowujemy między nimi odstępy przynajmniej 10 cm. Nagietki dadzą sobie radę również w dużym zagęszczeniu, jednak wtedy mogą słabiej kwitnąć. Teoretycznie nasiona nagietka wysiewamy na głębokość 1–3 cm, ale nie trzeba się tym bardzo przejmować, gdyż są odporne zarówno na zbyt głęboki, jak i zbyt płytki wysiew. Jeśli umieścimy nasiona w doniczce na początku kwietnia, to w połowie

maja otrzymamy już całkiem spore sadzonki, które będziemy mogli porozsadzać do innych doniczek.

Nagietki lubią słońce, ale tolerują również półcień. Dlatego idealnie będą się czuć w towarzystwie innych wysokich roślin, takich jak wcześniej wspomniane pomidory.

Kwiaty te mają wiele zalet: będą stanowiły piękną ozdobę naszego warzywnego ogródka, ale możemy je również wykorzystywać w kuchni. Płatki nagietka mogą nam posłużyć jako dodatek do ciast, sałatek, zup, sosów, a także herbat! Ze względu na żółtą barwę możemy ich również używać jako naturalnego barwnika spożywczego, na przykład dodając świeże lub suszone płatki do gotującego się ryżu. Kiedyś stosowało się je jako zamiennik szafranu. Nagietek ma działanie przeciwzapalne i w kosmetyce jest powszechnie stosowany przy chorobach i stanach zapalnych skóry.

8 | Sałaty

Sałata doskonale nadaje się do uprawy w donicy. Świeże, chrupiące liście stanowią świetny dodatek nie tylko do kanapek, ale również obiadu. Kupowanie sałaty ma pewne minusy – nie tylko roślina bywa skażona chemikaliami, lecz także nie mamy możliwości nabyć mniejszej ilości, a przecież często potrzebujemy jedynie kilku listków, nie całą główkę naraz. Dlatego uprawa sałat w balkonowej doniczce to sama korzyść!

Sałatę w bardzo prosty sposób wysiejemy z nasion. Możemy również wiosną poszukać jej rozsady na lokalnym targu. Inną opcją jest wsadzenie do ziemi sałaty kupowanej razem z korzeniami w sklepie. Powinna się ona przyjąć bez problemu.

Większość odmian sałaty nadaje się do uprawy wiosną i późnym latem, czyli wtedy, kiedy nie ma bardzo wysokich temperatur. W najcieplejsze miesiące sałata będzie szybko wybijać w pęd kwiatowy, czyli przestanie skupiać się na produkcji liści, a zacznie tworzyć kwiaty. Zmienia się wtedy jej smak – liście gorzknieją i nie nadają się do spożycia. Jeśli bardzo nam zależy na dostępie do świeżych listków podczas najcieplejszych miesięcy, to albo musimy zbierać je, póki jeszcze są bardzo małe, albo wybrać odmianę, która jest przeznaczona do uprawy w cieplejszych miesiącach. Informacje na ten temat znajdziecie na opakowaniu nasion.

Nasiona sałaty możemy zacząć wysiewać w marcu. Siejemy je na głębokość 0,5–1 cm. Jeśli wysiewamy ją od razu na miejsce stałe w celu uprawy na listki, to siejemy w odstępach około 5 cm. Jeżeli zależy nam na tym, aby sałata wykształciła pełną główkę, musimy zapewnić około 30 cm miejsca na jedną roślinę. Jeśli zaś chcemy jedynie uzyskać rozsadę, którą przesadzimy później dalej (na przykład do donic z pomidorami), możemy użyć wielodoniczek lub na przykład kubeczków po nabiale. Nasiona sałaty mają z reguły dość wysoką kiełkowalność, więc wystarczy nam jedno nasionko na jeden otwór.

Sałatę podlewamy regularnie i zapewniamy jej jasne stanowisko, ale nie w pełnym słońcu. Zdecydowanie woli lekki półcień. Już po około tygodniu powinny pojawić się pierwsze kiełki, a po mniej więcej dwóch miesiącach będziemy mogli korzystać z chrupiących listków. Sałatę można oczywiście jeść, poczynając od pierwszego kiełka, ale jeśli chcemy, aby wykształcała regularnie kolejne liście, to zanim zaczniemy zbiory, musi ona trochę podrosnąć.

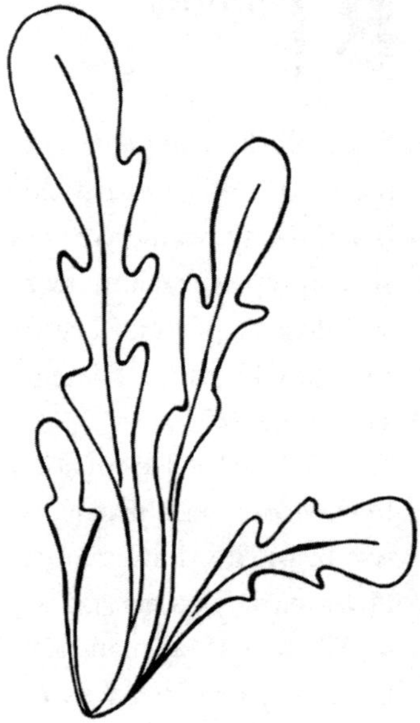

9 Mikrolistki, czyli *microgreens*

Teraz kolej na chyba najciekawszą opcję uprawy zieleniny w doniczce. Jestem pewna, że po przeczytaniu tego rozdziału będziecie koniecznie chcieli spróbować tej uprawy u siebie.

W języku angielskim na stałe zagościł już termin *microgreens*. W wolnym tłumaczeniu na język polski możemy powiedzieć o „mikrolistkach". Generalnie chodzi tutaj o spożycie roślin, zanim osiągną one pełną dojrzałość. Nie jest to jednak uprawa kiełków, lecz czegoś ciut większego. Jak w przypadku rzeżuchy znanej większości z nas. Ja jednak chciałabym zachęcić do wypróbowania tego sposobu uprawy innych gatunków roślin jadalnych.

Mikrolistki warto uprawiać przede wszystkim dla ich skoncentrowanych wartości odżywczych. W środowisku naukowym od kilku lat regularnie pojawiają się nowe doniesienia poświęcone zawartości minerałów i witamin w tych małych roślinach i za każdym razem wnioski są takie same: jedząc rośliny w takiej formie, dostarczamy sobie kilkakrotnie więcej witamin i minerałów na każdy gram pokarmu, niż gdybyśmy spożywali ich dorosłe formy. Do tego ich uprawa jest banalnie prosta!

Kolejną zaletą uprawy roślin w ten sposób jest możliwość szybkiego wykorzystania nasion, którym kończy się termin ważności. Zamiast je po prostu wyrzucać, możemy je schrupać na kanapkach czy w sałatkach. Szczególnie że nasion w opakowaniach jest naprawdę dużo. Rzadko kiedy zużyjemy je wszystkie do produkcji sadzonek na własny użytek. Wiem z własnego doświadczenia, że z reguły wysiewa się kilkanaście nasion, a reszta czeka na... no właśnie, na co? A przecież możemy je wykorzystać w inny sposób!

Do uprawy mikrolistków potrzebujemy jedynie pojemnika, ziemi i wody. Jako doniczki możemy użyć czegokolwiek – klasycznych donic lub plastikowych pudełek po produktach spożywczych. Rośliny uprawiamy do natychmiastowej konsumpcji, więc nie potrzebujemy głębokich pojemników. Daną doniczkę wypełniamy ziemią, podlewamy, rozsypujemy na niej gęsto nasiona i czekamy. Pilnujemy tylko, aby podłoże było stale wilgotne. Większość gatunków nadaje się do spożycia, gdy osiągną kilka centymetrów wysokości i wykształcą parę listków właściwych. Wyjątkiem jest tu słonecznik, który należy zebrać w momencie pojawienia się pierwszych liścieni. Kiedy wykształci parę liści właściwych, nabiera gorzkiego smaku.

W ten sposób możemy uprawiać prawie wszystko. Warto eksperymentować z różnymi nasionami i różnymi stadiami rozwoju roślin, które spożywamy. Możliwości jest bardzo wiele.

Poniżej wymieniam przykładowe rośliny, które świetnie nadają się do tego rodzaju uprawy.

Sałaty

Wszelkie sałaty świetnie sprawdzą się w takiej uprawie. Szczególnie polecam wybierać mieszanki różnych odmian, gdyż wtedy od razu zapewnimy sobie zróżnicowane kolory i smaki.

Zioła

Szczególnie jednoroczne, takie jak bazylia, koperek czy pietruszka, ale również kolendra. W przypadku tej ostatniej możecie użyć nawet nasion kupionych w sklepie jako przyprawa.

Warzywa

Wszelkie warzywa kapustne, brokuły, seler naciowy, jarmuż... One wszystkie nadają się do uprawy na mikrolistki. Możemy również spróbować takiej uprawy marchewki, rzodkiewki czy buraka. Tylko wówczas pamiętajmy, że naszym celem są listki, nie korzeń!

Groszek cukrowy

Chyba jedna z najciekawszych opcji. Można spróbować kupna suszonego groszku na dziale spożywczym – wyjdzie dużo taniej niż zaopatrzenie się w nasiona przeznaczone do siewu. Aby przyspieszyć ich kiełkowanie, możemy namoczyć je przez około pół godziny w wodzie i dopiero potem umieścić w ziemi. Tutaj również wskazane będzie trochę rzadsze ich wysianie, w odstępach 2–5 cm. Za to uzyskamy przepyszne chrupiące zieleninki, które nie tylko urozmaicą smak wszelkich potraw czy sałatek, ale również dodadzą im walorów estetycznych! W ten sposób możecie wysiewać również inne fasole.

Wszelkie zieleniny

Wszystkie rośliny uprawiane na liście nadadzą się do uprawy na mikrolistki. Dotyczy to nie tylko popularnej rukoli, roszponki czy szpinaku, ale również zielenin azjatyckich, takich jak mizuna, komatsuna czy kapust musztardowych (*mustard greens*).

Słonecznik

Jeden z moich nieoczywistych faworytów: chrupiąca zielenina smakująca jak pestki słonecznika! Tylko pamiętajcie, że – tak jak pisałam wcześniej – koniecznie trzeba go zebrać do spożycia od razu po wykształceniu pierwszych liścieni. W momencie kiedy pojawią się liście właściwe, jest już za późno. Oczywiście nic nie stoi na przeszkodzie, aby kilka roślin z takiej uprawy przesadzić do normalnych doniczek i kontynuować ich uprawę do dorosłości. Niech nic się nie zmarnuje!

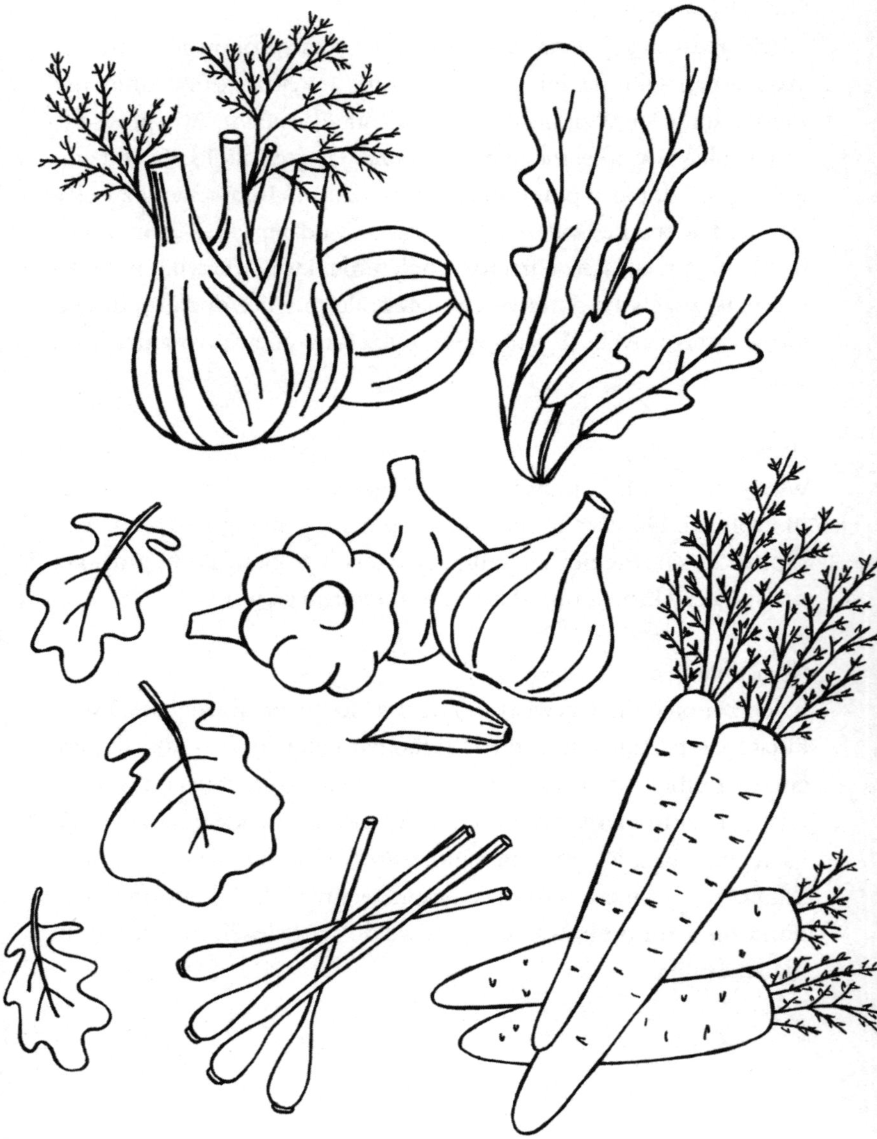

10 | Warzywne „resztki" w doniczkach

Niektóre rośliny mogą wydać plon, nawet wtedy gdy już skonsumujemy większą ich część. Mam tu na myśli ponowne ukorzenianie resztek produktów jako alternatywę do wyrzucenia ich do kosza. Myślę, że większości z nas zdarzyło się znaleźć w swoich zapasach warzyw cebulę czy czosnek, które zaczynały wypuszczać zielone listki. Jeśli takie okazy wyrzucacie, to nie wiecie, co tracicie! Wystarczy je włożyć do ziemi lub po prostu zapewnić im dostęp do wody (na przykład w szklance), a będziecie mogli skorzystać ze świeżego zielonego szczypiorku. Poniżej podaję kilka innych przykładów roślin, z których właściwie za darmo możecie uzyskać ponowny plon.

Cebula i czosnek

Nie ma innej możliwości – to one muszą otworzyć tę listę. Bo prościej się już nie da! Nie ma znaczenia wielkość czy głębokość pojemnika – wystarczy wcisnąć w ziemię cebulki i gotowe. Teoretycznie można wykorzystać do tego również szklankę z wodą, jednak trzeba wtedy uważać, aby cebulki nam nie pogniły. Nalejcie jej tyle, aby jedynie przykryć dno naczynia do wysokości 0,5–1 cm. Wodę taką też trzeba co 2–3 dni wymieniać, ponieważ nieświeża może wydzielać nieprzyjemną woń. Tak samo możemy potraktować cebulki dymki i pory.

Sałaty

W zasadzie nie ma znaczenia, jaka to będzie sałata: rzymska, masłowa, lodowa – wszystkie mają zdolność regeneracji. Obciętą główkę sałaty umieszczamy w misce z odrobiną wody i czekamy na korzenie i świeże liście, które zaczną wyrastać z jej środka. Taką sałatę możemy też przesadzić do ziemi – posłuży nam dzięki temu jeszcze dłużej.

Seler naciowy
Postępujemy z nim identycznie jak w przypadku sałat. Dolną część umieszczamy w misce z wodą i czekamy na korzenie i świeże liście. I tak samo jak w przypadku sałaty po pojawieniu się korzeni możemy roślinę przesadzić do ziemi.

Trawa cytrynowa
W Polsce dość trudno dostać ją w sklepach, a gdy już jakimś cudem nam się to uda, z reguły jest dość droga. Jeśli więc już zdobyliśmy cenny pęczek, koniecznie przedłużmy jego żywot! Potrzebna nam będzie w tym celu wysoka szklanka lub wazon i woda. Ustawiamy taki zestaw w słonecznym miejscu i już po upływie około tygodnia powinny pojawić się świeże przyrosty.

Koper włoski (fenkuł)
Postępujemy z nim dokładnie tak samo jak z trawą cytrynową. Obcinamy jego dolną część i umieszczamy w misce z wodą. Po pojawieniu się silnych korzeni i kilku świeżych listków możemy przesadzić fenkuł do ziemi.

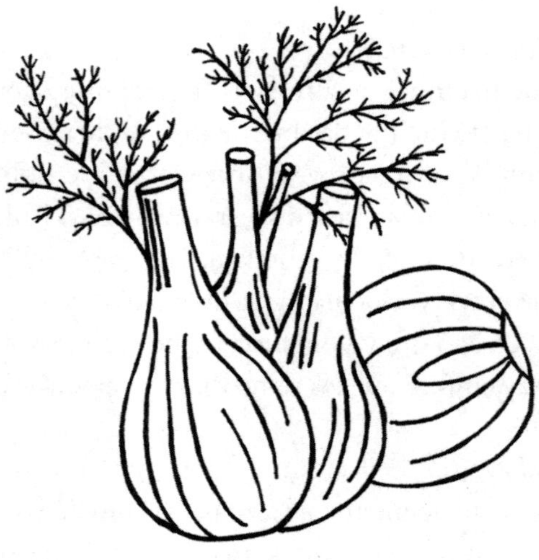

Nać pietruszki i marchewki
Wystarczy nam 1–2-centymetrowa końcówka marchewki lub korzenia pietruszki od strony natki. Taki kawałek kładziemy na tacce z odrobiną wody i czekamy, aż pojawią się zielone liście.

Kapusty

Odrastają równie dobrze jak sałaty. Możemy przedłużyć żywotność również mniej standardowych odmian, jak na przykład chińska kapusta pak choi. Te odmiany są z reguły droższe, więc tym bardziej opłaca się zebrać z nich ponowny plon. Tak samo jak wszystkie wymienione powyżej rośliny – umieszczamy obciętą dolną część kapusty w wodzie i czekamy na korzenie i świeże liście. Gdy tylko się pojawią, możemy przesadzić kapustę do ziemi.

Imbir

W domowych warunkach możemy także uzyskać więcej imbiru z posiadanego kłącza. Należy jedynie obciąć kawałek świeżego korzenia i umieścić go w ziemi. Dobrze będzie się czuć na parapecie, ale nie w bezpośrednim słońcu. Po jakimś czasie imbir wypuści świeże liście, jego korzeń zacznie się rozrastać. Jeśli będziemy chcieli wykorzystać jego część, to musimy wykopać całą roślinę, odciąć potrzebny nam kawałek, a resztę włożyć z powrotem do ziemi.

Ziemniaki

W podobny sposób jak imbir możemy rozmnożyć bulwy ziemniaka. Nie jest ważne, jaka to odmiana – ten sposób jest odpowiedni nawet w przypadku batatów. Ich uprawa może być co prawda dość kłopotliwa na balkonie, ale dla chcącego nic trudnego! Samo rozmnażanie ziemniaków polega na pokrojeniu ich na kawałki w taki sposób, by każda część miała po dwa „oczka" (są to miejsca, z których wyrastają pędy). Takie kawałki pozostawiamy w temperaturze pokojowej, aby wyschły, po czym zakopujemy je w ziemi. Aby otrzymać obfitszy plon, będziemy potrzebować większej, głębokiej donicy. Sadzimy kartofle w odstępach około 30 cm.

Ciekawą opcją jest również uprawa w jutowym worku. Taki worek na początek wywijamy i wypełniamy podłożem na głębokość około 20–30 cm. Na tej warstwie sadzimy kawałki ziemniaków, przysypując je lekko. W momencie kiedy pojawią się już kiełki oraz pierwsze liście, odwijamy kolejną część worka i dosypujemy tyle ziemi, aby przykryć prawie całe liście. Postępujemy tak, aż cały worek się nią wypełni. Dzięki tej metodzie część zielona wciąż rośnie w górę w poszukiwaniu światła. W ten sposób uzyskujemy długie podziemne pędy, z których możemy spodziewać się jadalnych bulw.

11 | Awokado

Prawie na ostatek zostawiłam niezwykle ostatnio modne awokado. Czemu wspominam o nim dopiero teraz, skoro jest takie modne? Otóż nie do końca wpisuje się ono w moją definicję roślin jadalnych do samodzielnej uprawy. Zdziwieni? Już wyjaśniam. Musicie wiedzieć, że choć sam projekt przemiany pestki awokado w ozdobne drzewko jest ciekawy, to realnie szanse, że nasze drzewko zrodzi owoce, są jednak marne. Jeśli już, stanie się to nie wcześniej niż po upływie 7–8 lat. Niestety trudno liczyć, że nasza roślina przeżyje tyle czasu, gdyż jest bardzo wrażliwa na wszelkie przeciągi i zmiany temperatur. Niemniej uprawa awokado może być fajną zabawą, szczególnie atrakcyjną dla dzieci, które będą miały szansę wyhodować własne drzewko.

Wybierając awokado, którego pestkę chcemy zasadzić, zwróćmy uwagę, aby było zdrowe i dojrzałe. Dobrym pomysłem jest wykorzystanie pestek z dwóch owoców naraz. Jeśli jedna nie wykiełkuje, zostanie nam jeszcze druga, zaś w razie klęski obfitości możemy zawsze jedną sadzonkę komuś oddać. Niektórzy zalecają obrać brązową skórkę z pestki, ale nie jest to konieczne. Należy ją natomiast dokładnie umyć. Najlepszy i jednocześnie najbardziej atrakcyjny wizualnie sposób na to, by zachęcić ją do wykiełkowania, jest umieszczenie jej częściowo w wodzie za pomocą wykałaczek. Możemy do tego wykorzystać nieużywany słoik lub szklankę. Pestkę należy zanurzyć na około 2–3 cm, umieszczając ją w wodzie bardziej szpiczastym końcem do góry. W ten sposób możemy proces kiełkowania dokładnie obserwować, co niewątpliwie dodaje atrakcyjności całej zabawie. A trochę ona potrwa: na kiełki możemy czekać od dwóch tygodni nawet do kilku miesięcy! Jest to zatem zdecydowanie projekt dla cierpliwych. Tuż przed wypuszczeniem kiełków pestka pęknie. Następnie pojawi się pojedynczy pęd, który wkrótce zamieni się w pióropusz z liści. Jest to dobry moment, aby przesadzić nasze drzewko do doniczki. Możemy użyć ziemi uniwersalnej do kwiatów domowych lub specjalnego podłoża do palm. Pojemnik, którego użyjemy, powinien być dość duży. Zaleca się, aby miał przynajmniej 30 cm średnicy i 40–50 cm wysokości. W ten sposób nasze awokado będzie miało sporo miejsca na rozrost korzeni i nie będziemy musieli zbyt szybko przesadzać go do większej donicy.

Jeśli pozwolimy drzewku na swobodny wzrost, najprawdopodobniej uzyskamy długi chudy kikut, gdyż awokado uprawiane w mieszkaniu nie lubi się rozkrzewiać. Aby pobudzić je do rozrostu wszerz, a nie tylko wzwyż, trzeba je przycinać. Możemy zacząć od delikatnego przycięcia głównego stożka wzrostu. Potem regularnie przycinamy delikatnie pędy, nadając drzewku pożądany kształt.

Awokado będzie wymagać jasnego, ciepłego stanowiska oraz regularnego nawożenia. Tak jak pisałam wcześniej, jest dość delikatną rośliną. Nie lubi przelania, przesuszenia, przeciągów, nagłej zmiany warunków i... pewnie jeszcze kilku innych rzeczy. Dlatego rzadko kiedy udaje się je uprawiać dłużej niż kilka lat. Tak czy inaczej, na pewno stanowi ciekawą ozdobę mieszkania i jednocześnie jest dla właściciela powodem do dumy. W końcu to nie lada sztuka wyhodować drzewo z pestki, i to tropikalne!

12 | Zioła

Gdybym miała moich ulubieńców sklasyfikować w tabeli, zioła znalazłyby się w ścisłej czołówce. Najchętniej wymieniłabym ich tutaj dużo więcej, ale wtedy ta książka stałaby się atlasem, a nie taki jest jej cel. Pozwólcie więc, że wymienię jedynie kilka.

Mięta

Królowa cienia! Mięta uwielbia stanowiska cieniste i półcieniste, źle znosi pełne słońce. Rozrasta się jak chwast. Wymaga minimalnej opieki, jedyne, czego potrzebuje, to woda – dużo wody. Zdecydowana większość mięt jest mrozoodporna i można je zimować na balkonie. Kolejną jej zaletą jest mnogość odmian. Mamy do wyboru mięty pieprzowe, ananasowe, truskawkowe, czekoladowe, pomarańczowe, polne, imbirowe, górskie, hiszpańskie, meksykańskie... Lista zdaje się nie mieć końca! Można naprawdę dostać zawrotu głowy przy wyborze sadzonek. Poszczególne odmiany różnią się przede wszystkim wyglądem: wielkością liści, ich kształtem oraz kolorem, a także wysokością samych krzewinek – niektóre dorosną do około 20 cm, inne nawet ponad 50 cm. Istnieją też subtelne rozbieżności w ich aromacie i smaku listków. Miętę można rozmnażać bądź to z nasion, bądź z sadzonek wierzchołkowych. Osobiście polecam tę drugą opcję, gdyż jest po prostu szybsza. Wystarczy uciąć kilkucentymetrowy pęd mięty i włożyć go do szklanki z wodą. Już po kilku dniach zacznie wypuszczać korzonki i będzie gotowy na przesadzenie do ziemi. Możemy to zrobić w każdym momencie roku, ale najszybciej stanie się to podczas cieplejszych miesięcy. Jeżeli natomiast zdecydujemy się na uprawę

mięty z nasion, musimy się przygotować na dość długie oczekiwanie, gdyż mięta kiełkuje bardzo powoli. Wysiewamy ją, jak większość ziół, w połowie marca.

Warto mieć uwadze to, że mięta bardzo lubi przycinanie. Jeśli nie będziemy tego robić, otrzymamy długie, chude pędy. Możemy przycinać zarówno jej stożki wzrostu, jak i obrywać dolne boczne liście. Jedno i drugie pobudzi roślinę do rozkrzewiania.

I jeszcze jedna istotna kwestia: mięta jest rośliną bardzo, ale to bardzo ekspansywną! Jest duże ryzyko, że zagłuszy każdego sąsiada. Dlatego zdecydowanie wolę mięty sadzić w osobnych doniczkach – staram się nawet nie mieszać różnych odmian w jednym pojemniku. Posadziłam kilka lat temu w jednej długiej skrzynce balkonowej trzy odmiany mięty. Teraz rośnie w niej już tylko jedna, która zdominowała całą przestrzeń. Jeśli więc chcecie stworzyć miętową kompozycję, to sugeruję po prostu postawić kilka doniczek z odmianami obok siebie, ewentualnie włożyć je do wspólnej osłonki, na przykład koszyka.

Mięta jest dla mnie obowiązkowym elementem ziołowego ogródka. Jest nie tylko bardzo prosta w uprawie, ale również znana z wielu zastosowań w kuchni. Zazwyczaj skupiamy się na dodawaniu jej listków do napojów zarówno zimnych, jak i tych gorących (parzona mięta ma właściwości poprawiające trawienie).

Polecam wam na przykład stworzenie własnego **napoju izotonicznego na upały**! W tym celu wystarczy wam dzbanek z wodą, kilka kostek lodu, parę gałązek mięty, plasterki cytryny i szczypta soli. Taki napój pomoże wam przetrwać okresy najwyższych temperatur.

Mówiąc o mięcie, ciężko jest pominąć jeden z popularniejszych napojów tworzonych na jej bazie, czyli mojito. Możemy je przygotować zarówno w wersji alkoholowej, jak i bezalkoholowej. Potrzebujemy kilkunastu listków mięty, które dokładnie ugniatamy. Dorzucamy do nich kilka pokruszonych kostek lodu, łyżeczkę cukru trzcinowego oraz pokrojoną na cząstki połowę limonki i uzupełniamy całość gazowaną wodą. Jeśli mamy ochotę na mocniejszą wersję, wystarczy dodać około 50 ml białego rumu, schłodzić i podawać! Z kolei tym, którzy lubią poznawać nowe, niestandardowe smaki, polecam dodanie kilku listków mięty do sosu mięsnego lub pieczeni. Otrzymacie cudny, orzeźwiający posmak!

Tymianek

Uwielbiam zapach tymianku! Moim zdaniem to jedno z bardziej aromatycznych ziół. Polubiłam go jeszcze bardziej, kiedy dowiedziałam się, że olejek z tymianku jest prawie najsilniejszym naturalnym antybiotykiem wśród ziół! Ma działanie bakterio- i grzybobójcze. Szczególnie pomocny jest we wszelkich infekcjach układu oddechowego. Do tego jest przepyszną przyprawą do wielu potraw. Dodaję go do sosów, peklowania mięsa, marynat czy pizzy. Roślina pochodzi z rejonu śródziemnomorskiego, więc świetnie czuje się w pełnym słońcu. Oprócz słońca tymianek potrzebuje do szczęścia jedynie wody. Jego uprawa jest więc bardzo prosta.

Jak w przypadku wszystkich ziół wieloletnich polecam zakup gotowych sadzonek. Otrzymacie wtedy już wykształconą roślinę, gotową do korzystania z jej liści i gałązek. Tymianek wysiewany z nasion rośnie powoli i trzeba się przygotować, że w kuchni zaczniemy go używać tak naprawdę w kolejnym roku uprawy. Ma bardzo drobne nasiona, więc wysiewamy go szczyptami w połowie marca, po czym nasiona mieszamy lekko z górną warstwą ziemi. Następnie przesadzamy sadzonki w kępach.

Podobnie jak w przypadku mięty, istnieje wiele odmian tymianku. Bardziej różnią się aromatem niż wyglądem. Szczególnie polecam

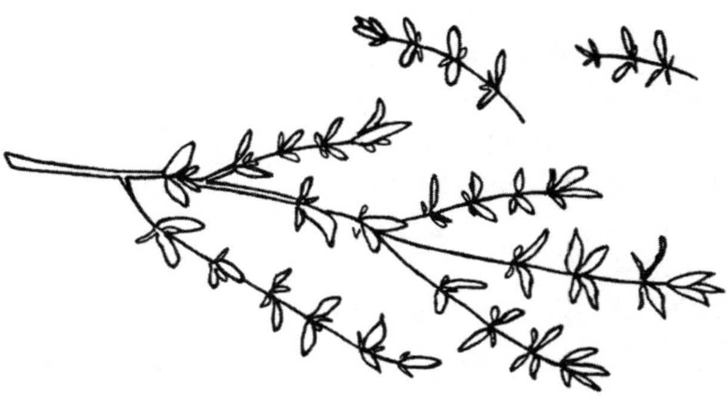

tymianek cytrynowy lub pomarańczowy, ze względu na cudowny zapach! Spokojnie możecie go sadzić z innymi roślinami o podobnych wymaganiach, tworząc ziołowe kompozycje. Tymianek tworzy zwartą krzewinkę i w przeciwieństwie do mięty nie będzie zagrażał innym roślinom.

Tymianek warto przyciąć na wiosnę. Skracamy pędy mniej więcej o jedną trzecią, uważając przy tym, aby nie pozbyć się miejsc, gdzie pojawiają się świeże przyrosty. Nie tniemy zdrewniałych łodyg, gdyż mogą się nie zregenerować. Możemy drugi raz przyciąć roślinę jeszcze jesienią, ale nie później niż na miesiąc przed pierwszymi przymrozkami. Zbyt mocno przycięty tymianek będzie gorzej znosił zimę.

Oregano

Oregano, znane również jako lebiodka, jest bardzo podobne do tymianku pod względem warunków uprawy i wymagań, jak również wysiewu z nasion, o co można się pokusić, choć najłatwiej rozmnażać oregano przez podział kępy.

Także pochodzi z basenu Morza Śródziemnego, wobec czego wymaga słonecznego stanowiska. Tak samo jak tymianek ma silne właściwości bakteriobójcze. Zwyczajowo stosuje się go w razie problemów z układem pokarmowym.

Bazylia

Bazylia jest nierzadko pierwszą rośliną, od której zaczynamy przygodę z ogrodnictwem. Nic dziwnego – jej intensywny zapach i smak sprawiają, że ciężko przejść obok niej obojętnie, zwłaszcza że świeża bazylia smakuje zupełnie inaczej niż suszona. Jej listki nie tylko mają wartość dekoracyjną, lecz także świetnie komponują się z potrawami, i to zarówno z daniami obiadowymi, jak i z deserami. Sztandarowym przykładem takiej potrawy jest niezwykle prosty do wykonania makaron z bazyliowym pesto. Tę zieloną pastę wykonamy szybciej, niż ugotuje się nam makaron, a jeszcze zdążymy w tym czasie posprzątać.

Kiedy mówimy o bazylii, zwykle mamy przed oczami drobną krzewinkę o sporych zielonych gładkich liściach. Jest to zdecydowanie najpopularniejsza jej odmiana. Jednak warto pamiętać, że rodzajów bazylii jest prawie tak wiele jak mięty! Poczynając od różnych kształtów i kolorów liści – od karbowanych czerwonych aż po drobniutkie żółtozielone – na mnogości aromatów kończąc. Bazylia ma odmianę cytrynową (wyborna do deserów lodowych!), cynamonową, waniliową, tajską czy kamforową. Każda z nich pachnie nieco inaczej i dostarczy nam innych doznań smakowych. Wybierając nasiona lub sadzonki, czasem naprawdę ciężko jest ograniczyć się do jedynie dwóch czy trzech! Na szczęście to roślina jednoroczną, więc każdego sezonu bez skrupułów możemy testować kolejne jej odmiany.

Do przygotowania **pesto** wystarczy garść liści bazylii, ząbek czosnku, 2 łyżki tradycyjnie używanych orzeszków pinii lub nerkowców (można je zastąpić nasionami słonecznika czy pestkami dyni), oliwa i łyżka parmezanu. Wszystko miksujemy w blenderze na gładką masę oraz doprawiamy solą i pieprzem do smaku. Teraz wystarczy wymieszać pesto z makaronem i błyskawiczny, pożywny obiad gotowy!

Niestety – jak już wspominałam – bazylia bywa zmorą początkujących ogrodników. Wina jednak nie leży w samej roślinie, lecz w źródle naszych sadzonek. Często sięgamy po zioła w folii sprzedawane w marketach, a potem dziwimy się, że w domu szybko nam marnieją. Za taki stan rzeczy odpowiada uprawa tych ziół podczas produkcji. Zioła przeznaczone do marketów są hodowane w uprawach hydroponicznych – oznacza to, że sadzonka ma cały czas dostęp do świeżej wody z nawozem. Do tego, aby uzyskać szybki i wizualnie atrakcyjny plon, bazylię sadzi się bardzo gęsto. W małej doniczce znajdziemy aż kilkanaście sadzonek! Natomiast przy uprawie bazylii w domu polecam wam zachować odstępy około 10 cm między poszczególnymi sadzonkami. Dlatego jeśli taką zakupioną w supermarkecie sadzonkę będziemy chcieli pielęgnować jak całą resztę roślin domowych, niestety nam się to nie uda. Jest jednak na to sposób – wystarczy zrobić z niej nową sadzonkę. Po prostu obcinamy kilkucentymetrowe łodygi i wkładamy do wody. Po około tygodniu powinny się już na nich pojawić spore korzenie. Takie sadzonki umieszczamy w ziemi i po prostu podlewamy zgodnie z opisanymi w dalszej części rozdziału wymogami.

Bazylię dość łatwo hoduje się także z nasion, do czego bardzo zachęcam. Są one raczej drobne, ale warto je zasiać w odstępach około 0,5 cm na taką samą głębokość. Później rozsadzamy rośliny w odstępach 7–10 cm. Podobnie jak miętę, bazylię też należy wcześnie zacząć przycinać, pozbawiając ją stożków wzrostu. Dzięki temu będzie się pięknie rozkrzewiać. W późniejszym czasie warto również usuwać niektóre z większych liści bocznych. Gdy bazylia zaczyna kwitnąć, może się zmienić smak jej liści. Dlatego jeśli jest dla nas głównie surowcem kulinarnym, polecam obciąć kwiatostany, zanim się w pełni wykształcą. W ten sposób bazylia dalej będzie wytwarzać liście, a nie kwiaty.

Bazylia – podobnie jak tymianek i oregano – pochodzi z basenu Morza Śródziemnego. Lubi stanowiska słoneczne. Jednocześnie – w przeciwieństwie jednak do dwóch wspomnianych wcześniej roślin – woli regularne intensywniejsze nawadnianie. O ile ziemia, w której uprawiamy tymianek czy oregano, może lekko przeschnąć, o tyle bazylia preferuje stale wilgotne podłoże.

Za prawidłową pielęgnację bazylia odwdzięczy nam się niezwykle wyrazistym smakiem i silnym aromatem. Ten drugi pozostanie wam na skórze dłoni jeszcze długo po każdym kontakcie z rośliną. Wystarczy lekkie poruszenie liści bazylii, aby zaczęła wydzielać swój charakterystyczny zapach. Założę się też, że zaczniecie wychodzić na balkon w czasie deszczu, aby poczuć tę niepowtarzalną, charakterystyczną woń.

Rozmaryn

Kolejne wieloletnie zioło śródziemnomorskie. Tak samo jak wyżej wymienione zioła wymaga stanowiska słonecznego. Nie potrzebuje jednak tak dużo wody jak bazylia – możemy go podlewać na równi z tymiankiem i oregano.

Rozmarynowi jest w naszym klimacie trochę trudniej, gdyż roślina ta jest bardzo wrażliwa na mróz.

Dlatego na zimę należy go zabrać do domu. W handlu zaczynają się pojawiać odmiany mrozoodporne, ale jeszcze nie miałam okazji ich u siebie przetestować.

Rozmaryn ma bardzo intensywny, wręcz drzewny aromat. Świetnie nadaje się do potraw z grilla i mięs. Jego zdrewniałych pędów możemy na przykład użyć zamiast patyczków do szaszłyków. Wspomaga trawienie, a olejek rozmarynowy może pomóc przy bólach głowy i problemach z koncentracją.

Rozmaryn dość ciężko uprawia się z nasion, gdyż długo kiełkuje i powoli rośnie. Dlatego polecam zaopatrzenie się w gotowe sadzonki.

Szczypiorek

Pisząc o szczypiorku, mam na myśli liście cebuli i czosnku, bo to właśnie one są najprostsze w uprawie. Co więcej, mają właściwości grzybobójcze i odstraszające szkodniki, dlatego warto sadzić szczypiorek w pobliżu innych upraw, na przykład pomidorów. Rośnie w zasadzie na każdym podłożu i nie ma wygórowanych wymagań. Świetne nadaje się do uprawiania z najmłodszymi, gdyż nawet dziecko będzie w stanie samodzielnie go zasadzić i pielęgnować. Wystarczy wcisnąć do ziemi jego cebulki. Możemy kupić cebulki dymki na wiosnę w marketach lub wykorzystać zwykłą białą cebulę albo klasyczny czosnek. Szczególnie polecam tę ostatnią opcję, gdyż szczypiorek czosnkowy zupełnie inaczej smakuje i stanowi ciekawą alternatywę dla znanego nam smaku.

Szczypiorek jest też dobrą opcją do uprawiania zimą na kuchennym parapecie. Poza sezonem z reguły brakuje nam świeżej zieleniny, a z takiego szczypiorku możemy korzystać cały rok!

Pietruszka naciowa

Jedno z tych ziół, które zawsze warto mieć pod ręką. Natka pietruszki jest bardzo bogata w witaminę C i pasuje w zasadzie do wszystkiego. Dodaję ją do zup, sosów, kanapek, sałatek i ziemniaków, do bazyliowego pesto. Staram się zawsze mieć w pogotowiu świeżą lub mrożoną pietruszkę. Podobnie jak w przypadku sałaty, własna uprawa pietruszki umożliwia nam wykorzystanie tylko takiej ilości ziela, na jaką mamy akurat ochotę. Pęczek kupiony w sklepie musimy jak najszybciej zużyć, zaś mając na balkonie własną roślinę, ścinamy tylko tyle, ile nam potrzeba, choćby na jedną porcję!

Pietruszka teoretycznie jest rośliną dwuletnią, ale polecam traktować ją jako jednoroczną. W drugim roku przygotowuje się do kwitnienia, a gdy pojawiają się kwiaty, zmienia smak i przestaje się nadawać do spożycia.

Jeśli uprawiamy pietruszkę na listki, możemy ją właściwie siać przez cały sezon. Zaczynamy w marcu z opcją wysiewu od razu na miejsce docelowe. Jeśli jednak chcemy przyspieszyć jej wzrost, siejemy pietruszkę w domu, a w połowie maja wystawiamy donicę na balkon z całą resztą roślin. Pietruszkę najlepiej jest siać w rzędach, na głębokości około 1 cm. Musimy jednak uzbroić się w cierpliwość, ponieważ nasiona pietruszki potrafią bardzo długo kiełkować! Na pierwsze zielone listki możemy czekać nawet do miesiąca. Gdy pojawią się 2–3 liście właściwe, pietruszki możemy rozsadzić lub przerwać, pozostawiając między pojedynczymi roślinami 5–7-centymetrowe odstępy.

Pietruszkę możemy również uprawiać na tak zwany szybki zbiór i ścinać ją w całości, gdy roślina osiągnie kilka centymetrów wysokości. W takim wypadku nie ma znaczenia, w jaki sposób siejemy, nie trzeba jej też przesadzać ani przerywać. Po prostu ścinamy wszystko, co wyrośnie, i na przykład zamrażamy, by wykorzystać naszą zieleninę później.

Majeranek

Majeranek również wywodzi się z rejonu śródziemnomorskiego i jest to kolejne ziele, które ułatwia trawienie. Idealnie nadaje się do wszelkich ciężkostrawnych potraw, w tym grzybów, fasoli czy kapusty lub flaczków. W naturze jest krzewinką wieloletnią, ale w naszym chłodniejszym klimacie jest zazwyczaj uprawiany jako roślina jednoroczna. Rośnie dość szybko, więc z reguły łatwiej jest go wysiać ponownie, niż zimować. Możemy jednak próbować przetrzymać go przez zimę w jasnym, ciepłym pomieszczeniu i wystawić ponownie na balkon w połowie maja, po ustąpieniu przymrozków.

Majeranek ma bardzo drobne nasiona i wysiewamy go tak samo jak oregano i tymianek – szczyptami w połowie marca. Czekamy, aż wzejdzie, i po osiągnięciu przez roślinki wysokości kilku centymetrów rozsadzamy je w małych kępkach do osobnych doniczek. Na miejsce docelowe wystawiamy w połowie maja.

Majeranek wymaga słonecznego stanowiska, ale zbyt mocne słońce może mu nie służyć. Najlepiej będzie się czuł na słonecznym balkonie, ale w lekkim cieniu innych roślin.

Koperek

Koper ogrodowy (nie mylić z koprem włoskim, czyli fenkułem!) jest najwyższą rośliną wśród ziół w tym zestawieniu. Potrafi dorastać nawet do 120 cm. Podobnie jak pietruszkę, lubię go mieć zawsze pod ręką.

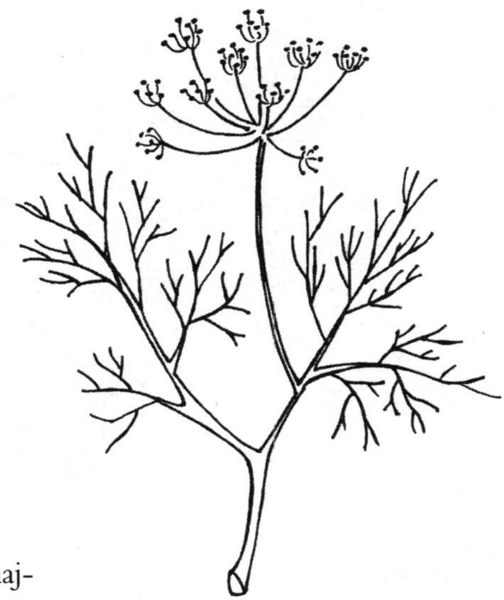

Koper możemy wysiewać praktycznie przez cały sezon. Jeżeli chcemy mieć dostęp do wciąż świeżych liści, poleca się ponawiać jego wysiewy co 2–3 tygodnie od drugiej połowy kwietnia aż do początku sierpnia.

Jeśli natomiast zależy nam na tym, aby nasz koper miał szansę się w pełni rozwinąć (aby wykorzystać go na przykład do kiszenia ogórków), to będzie on potrzebował dużej donicy, najlepiej o objętości co najmniej 5 litrów. Możemy go też uprawiać na kilkucentymetrowe listki idealne do posypania ziemniaków czy dodania do sosu jogurtowego. Wtedy możemy użyć płytkiego pojemnika.

Nie robimy z kopru rozsady, wysiewamy go od razu w miejsce docelowe. Najlepiej siać go w rzędach, na głębokość około 1 cm. Kiełkowanie zajmuje 10–14 dni, czasem trochę dłużej, jeśli na zewnątrz panują niskie temperatury. Jest bardzo wrażliwy na przymrozki, więc jeśli prognozowane są ujemne temperatury, warto koperek okryć na przykład agrowłókniną.

Koper nie ma szczególnych wymagań co do podłoża. Lubi jednak słoneczne stanowiska. Jest również wrażliwy na brak wody, wobec czego trzeba pamiętać o regularnym podlewaniu. Koperek może potrzebować nawet codziennej dostawy świeżej wody.

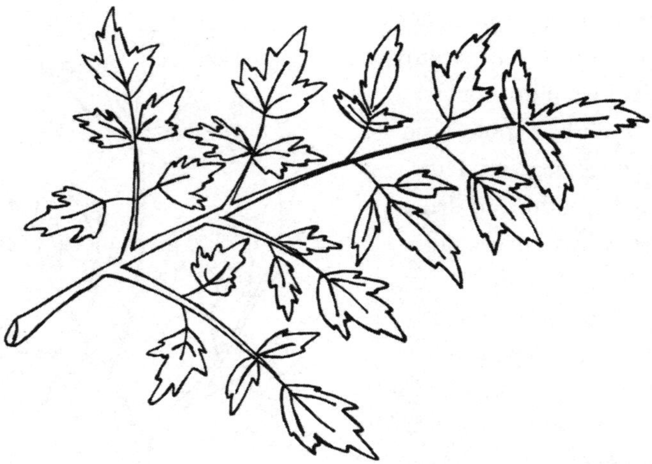

Lubczyk

Na samym końcu lubczyk, do którego niestety nie mam szczęścia. W ogrodzie lubczyk rośnie prawie jak chwast, lecz w donicach uprawa nie przebiega już tak łatwo. Jeśli nawet uda się roślinie przetrwać zimę na moim balkonie, szybko staje się pożywką dla mszyc. Niemniej jednak lubię go na tyle, że mimo niedogodności postanowiłam się nie zniechęcać i regularnie zaopatruję się w świeże sadzonki.

Liście lubczyku nadają charakterystyczny smak zupom, szczególnie rosołowi. Zamiast wykorzystywać przyprawy oparte na glutaminianie sodu, dużo lepiej sięgnąć po kilka aromatycznych gałązek świeżych ziół.

Lubczyk jest rośliną wieloletnią, a uprawiany w gruncie potrafi dorastać nawet do 1,5 m wysokości. Lubczyk hodowany na balkonie rzadko jednak osiąga podobne rozmiary.

Bez problemu można nabyć sadzonki lubczyku w sklepach ogrodniczych i na targu.

Do jego samodzielnej uprawy będziemy potrzebowali sporej – przede wszystkim głębokiej – donicy. Im większa, tym lepsza, gdyż lubczyk mocno się rozrasta pod ziemią.

Lubczyk najłatwiej rozmnaża się przez podział części podziemnej. Wystarczy przeciąć kępę na pół i posadzić dwie rośliny osobno. Wysiew z nasion może być dość problematyczny ze względu na długie wschody (3–4 tygodnie), a także na wysoką wrażliwość młodych siewek na brak wody. Jeśli jednak zdecydujemy się na wysiew, możemy to robić albo w marcu, albo w kwietniu, albo nawet w sierpniu (ten ostatni wzejdzie dopiero na wiosnę kolejnego roku). Wysiewamy wtedy nasiona bezpośrednio na miejsce docelowe, a po wytworzeniu przez siewki kilku liści przesadzamy je pojedynczo do osobnych doniczek.

Przyjazny balkon

Często myślę o balkonie jako o przedłużeniu mieszkania, dodatkowej przestrzeni którą mogę wykorzystać wedle swoich potrzeb. Z rozmów ze znajomymi wiem, że dość łatwo balkon zagracić. Nie widzimy go na co dzień, więc nierzadko wynosimy tam zbędne sprzęty i meble. Widywałam na balkonach stare pralki, stoły i krzesła. Niektórzy na stałe przechowują tam rowery. I nie ma w tym niczego złego, jeśli nam taki stan rzeczy odpowiada. Odnoszę jednak wrażenie, że często staje się to wymówką. „Nic nie posadzę, bo mam zagracony balkon". Zachęcam bardzo gorąco do dbania o tę przestrzeń tak samo jak o każdy metr kwadratowy mieszkania.

Zbędne rzeczy wyrzućcie, oddajcie lub sprzedajcie, nie przechowujcie ich w nieskończoność. Oczyśćcie balkon, a zobaczycie, ile przyjemności może wam dać! I nie mówię tu tylko o kolorowych pomidorkach czy aromatycznych ziołach, ale też o prostych przyjemnościach, takich jak smaczna kawa i dobra książka w towarzystwie roślin. Uwielbiam mój balkon za to, że mogę z niego podziwiać zachody słońca. Opieram się wtedy o barierki i patrzę, jak niebo zmienia swoje kolory z minuty na minutę. Co prawda żeby zająć moją ulubioną pozycję, muszę się przecisnąć przez pomidorową dżunglę, ale wcale mi to nie przeszkadza.

Kawa i książka w moim przypadku odpadają ze względu na silne nasłonecznienie balkonu. Jedyny moment, kiedy mogę się oddać tej przyjemności, to ciepłe przedpołudnie, kiedy promienie słoneczne jeszcze do mnie bezpośrednio nie docierają. Przed południem mogę więc z balkonu korzystać ja, zaś przez całe popołudnie panują na nim warunki idealne dla pomidorów.

Ponieważ balkon to ważna przestrzeń, warto się zastanowić, jakie są nasze potrzeby i oczekiwania względem niego, zanim wpadniemy w szał kupowania sadzonek i nasion. Może się wtedy okazać, że choć warunki balkonu sprzyjają naszym drobnym przyjemnościom, to po wystawieniu wszystkich roślin na zewnątrz dla nas zabraknie już miejsca. W razie potrzeby możemy wykorzystywać regały czy podwieszane doniczki, aby oszczędzić trochę podłogi i umieścić wymarzony stolik i krzesło. Dlatego zachęcam do przemyślenia tych kwestii wczesną wiosną, łatwiej bowiem zawczasu dobrze zaplanować przestrzeń, niż dokonywać radykalnych zmian w szczycie sezonu.

1 | Aranżacja przestrzeni

Nigdy nie pretendowałam do miana eksperta, jeśli chodzi o projektowanie pięknych przestrzeni. Jak pewnie zauważyliście, do wielu rzeczy podchodzę bardzo praktycznie i to właśnie wygoda i funkcjonalność są u mnie zawsze najwyżej na liście priorytetów. Moje balkony również nie należą do najpiękniejszych, choć staram się zawsze, by były przyjemne dla oka. Poszukując inspiracji dla samej siebie, znalazłam kilka wskazówek, jak w prosty sposób taki efekt osiągnąć. Być może przydadzą się również wam. Najłatwiej uporządkować wizualnie przestrzeń, stosując się do trzech poniższych zasad:

- maksymalne ograniczenie liczby kolorów,
- ujednolicenie kształtów doniczek,
- wprowadzenie powtarzalności elementów.

W projektowaniu ogrodów biel i zieleń traktuje się jako barwy neutralne. Tworząc kompozycje roślin na balkonie, wystarczy wybrać doniczki w jednym kolorze i od razu całość będzie wyglądać lepiej. Jeśli zdecydujemy się na doniczki białe, uzyskamy efekt jeszcze większej harmonii – szczególnie w połączeniu z białym kolorem ścian, który dodatkowo wyeksponuje nasze rośliny. Jeśli kolor donic będzie ten sam, to mniejsze znaczenie ma ich rozmiar czy kształt. W każdym zestawieniu będą się ze sobą dobrze komponować.

Jeśli natomiast mamy ochotę na większą liczbę kolorów na balkonie, warto ograniczyć mnogość kształtów. Jak już wspomniałam w poprzedniej części, obecnie na rynku wybór donic jest ogromny.

Do zasady kompozycji mówiącej o powtarzalności elementów wiele osób stosuje się intuicyjnie. Wystarczy ustawić na jednej płaszczyźnie identyczne doniczki. Jeśli mamy różne pojemniki, niech zajmą miejsca naprzemiennie – raz większy, raz mniejszy.

Jeżeli przykładowo na cztery mniejsze doniczki mamy jedną większą, umieśćmy ją w środku, a po jej bokach po dwie mniejsze. W każdym przypadku szukajmy powtarzalności lub symetrii, które natychmiast sprawią, że nasze kompozycje będą przyjemniejsze dla oka.

Jeśli z kolei chcemy przełamać opisane minimalistyczne zasady i szukamy sposobów na uatrakcyjnienie balkonowej przestrzeni, polecam spróbować zróżnicować poziomy, na jakich stoją donice. W tym celu można wykorzystać gotowe kwietniki czy regały, których w sklepach nie brakuje, ale również przedmioty domowego użytku, jak taborety czy wiadra odwrócone do góry dnem. Takie aranżacje świetnie sprawdzają się szczególnie w rogach balkonów, gdzie w samym kącie ustawiamy donicę na podwyższeniu, a wokół niej donice na podłodze. Może to być również sposób na wąski balkon – wtedy podwyższenie ustawiamy wzdłuż krótszej ściany, a przed nim jeszcze jeden rząd roślin. Dzięki temu prostemu zabiegowi nasza przestrzeń nie tylko będzie przyjemniejsza dla oka, ale również pomieści więcej roślin. A to zawsze jest korzyść!

2 | Mali ogrodnicy

Jeśli wśród naszych domowników są dzieci, warto tak zorganizować balkonową przestrzeń, aby służyła również im. Najmłodsi uwielbiają naśladować rodziców we wszystkim. Wystarczy to wykorzystać i zaangażować ich w nasze prace ogrodnicze już od najmłodszych lat. Nawet roczne dziecko może razem z mamą lub tatą wysiewać większe nasiona czy zrywać liście sałaty do wspólnego posiłku. Starsze maluchy mogą się okazać sprawnymi ogrodnikami eksperymentatorami czy prowadzić dzienniki upraw. Dla dziecka w każdym wieku znajdzie się odpowiednia ogrodnicza aktywność. A przy okazji możemy nauczyć kolejne pokolenie czegoś bardzo ważnego.

Dzieci mieszkające w miastach mają bardzo mało kontaktu z naturą. Bawią się na miejskich placach zabaw, jeżdżą rowerami po asfaltowych alejkach i grają w piłkę na utwardzonych boiskach. Niewiele z nich ma okazję pobiegać po lesie czy chociażby pohasać boso po trawie. Do tego – co przykre – coraz częściej dzieci nie wiedzą, skąd w ogóle bierze się jedzenie... W 2010 roku Jamie Olivier w ramach swojego programu w USA zrobił wśród dzieci test na znajomość warzyw. Sam chyba nie spodziewał się odkryć, że w szkole, w której nagrywał program, dzieci szybciej rozpoznają wszystkie kanapki z popularnej sieci fast food niż ziemniaka czy pomidora. Do tego nie chciały uwierzyć, że frytki robi się z ziemniaków, a ketchup z pomidorów. Jeśli takim problemem okazało się samo nazwanie warzyw i owoców, nie może być mowy o wiedzy, w jaki sposób powstają poszczególne produkty. Dlatego uważam, że jeśli mamy możliwość pokazać dziecku, jak rośnie pomidor, to powinniśmy tę szansę wykorzystać.

Drugą bardzo ważną kwestią jest to, że dzieci coraz gorzej się odżywiają, co potwierdzają coraz częstsze doniesienia na temat otyłości i innych chorób wśród najmłodszych. Według danych WHO (Światowa Organizacja Zdrowia) w ciągu ostatnich 20 lat liczba dzieci i młodzieży (w wieku 5–19 lat) z nadwagą wzrosła aż trzykrotnie! Nadmierną masę ciała ma już jedna trzecia ośmiolatków, a co dziesiąty z nich – nieprawidłowe ciśnienie krwi. Według danych UNICEF w Polsce przybywa dzieci z nadwagą najszybciej w Europie. Jeśli dalej będziemy podążać w tym kierunku, według ekspertów za kilkanaście lat grozi nam wzrost liczby hospitalizacji z powodu chorób układu krążenia aż o jedną trzecią! Co więcej, szacuje się, że ci, którzy obecnie są dziećmi, będą żyli o całe 10 lat krócej niż ich rodzice. A wszystko zaczyna się od żywienia, zwłaszcza w ciągu pierwszych trzech lat życia. Często zmorą rodziców jest to, że dzieci nie chcą jeść warzyw i owoców, ich dieta ogranicza się do parówek, zapiekanek, paluszków rybnych czy kanapek z pasztetem. Świetną metodą prowadzącą do zmiany nawyków żywieniowych jest uprawa warzyw i owoców. Dzieci dużo chętniej sięgają po pomidora prosto z krzaka niż po tego ze sklepu. Świadomość, że same brały udział w uprawie, zachęca je do konsumpcji plonów.

Dlatego jeśli sami uprawiamy rośliny, nie tylko na balkonie, warto zaangażować w tę aktywność również nasze pociechy. Poniżej znajdziecie kilka wskazówek, jak to zrobić.

- **Zadbajcie o bezpieczeństwo.**

Ponieważ zawsze najważniejsze jest bezpieczeństwo dzieci, zwłaszcza tych bardzo małych, również w pracach ogrodniczych niezbędna jest opieka osoby dorosłej. Zachęcam do pozostawienia dzieciom jak największej swobody, pamiętajmy jednak, że zawsze to my jesteśmy odpowiedzialni za wszelkie działania najmłodszych. Dlatego nigdy nie zostawiamy dzieci bez opieki, szczególnie w takiej przestrzeni, jaką jest balkon.

• **Dajcie dziecku własną przestrzeń do upraw.**
Niech dzieci mają swoje własne doniczki – jedną lub dwie. I niech samodzielnie się zajmują uprawianą rośliną. Pozwólcie dzieciom wybrać, co i w jaki sposób chcą zasadzić. Możecie waszym pociechom doradzać, ale pracę pozostawcie im. W trakcie opieki nad roślinami dzieci same będą wyciągać wnioski i dostosowywać swoje działania. Ważne, aby miały do tego przestrzeń.

• **Zaakceptujcie to, że może być brudno.**
Zabawa w ziemi nie należy do najczystszych! Mnie samej zdarza się bardzo nabrudzić na balkonie podczas przesadzania roślin, a co dopiero dziecku. Załóżcie więc dziecku takie ubrania, których wam nie szkoda, i pozwólcie mu się upaćkać. Nic nie psuje bardziej zabawy niż ciągłe utyskiwania rodziców: „Uważaj, bo się ubrudzisz!".

• **Zadbajcie o porządne narzędzia.**
Jestem zwolenniczką udostępniania dzieciom prawdziwych narzędzi ogrodniczych w wersjach mini zamiast plastikowych zabawek. Wiadomo, że nie wręczymy maluchowi swojego sekatora, ale małą łopatką czy grabkami każde dziecko może posługiwać się w miarę bezpiecznie, oczywiście pod bacznym okiem rodzica. Już nawet roczniak może dostać takie narzędzia do ręki – właśnie ci najmłodsi zaczną pewnie od trzymania łopatki razem z opiekunem, ale już dwu- czy trzylatek spokojnie poradzi sobie sam. Posługując się prawdziwymi narzędziami, dziecko będzie się czuło „doroślej" i dzięki temu bardziej się zaangażuje. Poza tym będzie mu po prostu łatwiej. Spróbujcie sami przekopać ziemię w doniczce plastikową łopatką!

• **Wybierzcie rośliny dostosowane do stanowiska.**
W przypadku dziecięcego ogródka odpowiedni dobór roślin jest bardzo ważny. Dzieci są bardzo niecierpliwe, dlatego najlepiej wybrać

rośliny szybko rosnące, odpowiednio dostosowane do warunków na balkonie. Ma być jak najłatwiej. Jeśli będziecie wysiewać rośliny, wybierzcie na przykład bazylię, rzodkiewki czy rukolę. Z sadzonek świetnie sprawdzi się mięta, która jest bardzo wytrzymała.

- **Nie używajcie żadnych chemikaliów.**

Jeśli już uprawiamy z dzieckiem rośliny, musimy zwrócić szczególną uwagę na to, jakich środków używamy do ich pielęgnacji. Małe dzieci wkładają do buzi wszystko, co wpadnie w ich małe rączki. Nie zawsze zdążymy je upilnować. Wobec tego absolutnie odradzam korzystanie z jakichkolwiek sztucznych nawozów, a tym bardziej chemicznych środków ochrony roślin. Nie oznacza to wcale, że koniecznie musicie robić nawozy sami. W sklepach znajdziecie również te naturalne, wystarczy tylko zwrócić na to uwagę i poszukać odpowiednich.

- **Rozmawiajcie z dzieckiem.**

Angażujcie dziecko również w rozmowę na temat prowadzonej uprawy. Zanim wyjdziecie na balkon, warto na przykład zapytać: „Jak myślisz, dużo od wczoraj urosła nasza rukola? Dojrzały już pomidorki?", a po powrocie: „Co byś zrobił(a) inaczej? Jaki masz plan na jutro?". Dobrym pomysłem jest też prowadzenie dziennika upraw. Mogą to być rysunki i zapiski w zeszycie albo na przykład zdjęcia lub seria krótkich filmów. Wtedy na koniec sezonu możecie razem obejrzeć, jak zmieniała się wasza mała uprawa, i wyciągnąć wspólne wnioski na kolejny rok.

- **Zachęcajcie do jedzenia.**

Tego małym ogrodnikom z reguły nie trzeba powtarzać! Sami chętnie częstują się poziomkami czy pomidorkami prosto z krzaka.

Pozwólcie dziecku samodzielnie odkrywać te smaki, zbierzcie razem sałatę do kanapek. Gwarantuję wam, że wasze pociechy będą dużo chętniej jadły warzywa z balkonu niż te ze sklepu.

- **Bawcie się!**

Nawet najlepsza zabawa nie przyniesie nam radości, jeżeli ktoś będzie ją traktował zbyt serio. Pozwólcie dziecku czerpać radość z bycia małym ogrodnikiem, nawet jeśli coś pójdzie nie tak, a może właśnie szczególnie wtedy. Jeżeli dziecko przeleje lub przesuszy swoją roślinę albo ją zniszczy w inny sposób, nie szkodzi! W ogrodnictwie najpiękniejsze jest to, że zawsze można zacząć od nowa. Jeśli dziecko chce wysiać pomidorki w sierpniu, to nic, że nie zdążą dojrzeć! Niech sieje, obserwuje, bawi się i uczy. W swoim tempie i na swój sposób.

3 Przykłady roślin do uprawy z dzieckiem

Aby ułatwić wam zadanie, przygotowałam listę przykładowych roślin, które świetnie się sprawdzą uprawiane przez małych ogrodników. Jednocześnie jak najbardziej zachęcam do sięgania również po inne rośliny. Ale od czegoś trzeba zacząć.

- **Wszelkie sałaty na listki**

Rosną szybko i można je od razu schrupać. Nie mają wygórowanych wymagań, które w praktyce ograniczają się jedynie do podlewania. W sklepach są dostępne gotowe mieszanki takich sałat, rukola czy roszponka. Dla dodatkowego urozmaicenia można między sałaty dorzucić nasiona rzodkiewki – przecież jej liście są również jadalne. Teoretycznie siejemy w rządkach, ale spokojnie może nas tu poprowadzić dziecięca kreatywność! Do takich sałat wystarczą nawet płytkie plastikowe pojemniki, choćby te po pieczarkach czy mieszankach sałat ze sklepu.

- **Rzodkiewki**

Rzodkiewki są bardzo wdzięcznym warzywem do uprawy w pojemnikach. Rosną bardzo szybko i są dość wytrzymałe, będą więc idealne dla małych ogrodników. Jeśli zależy nam na korzeniach, pojemnik musi być ciut głębszy niż w przypadku salat na listki, ale w dalszym ciągu wystarczy zwykła skrzynka balkonowa. Teoretycznie też powinniśmy siać w rządkach, ale nic nie stoi na przeszkodzie, aby po prostu porozrzucać nasionka w ziemi.

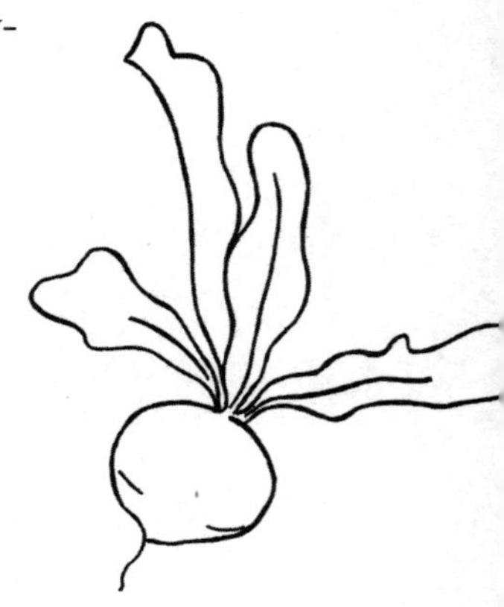

Trzeba je będzie jednak później przerwać. Ważne, aby rośliny przy wzrastaniu miały wokół siebie wystarczająco dużo miejsca, żeby mogły wykształcić jadalne korzenie – wystarczy około. 3–4 cm pomiędzy sadzonkami. Resztę można wyrwać i zjeść.

- **Pomidorki koktajlowe**

Pracy będzie już nieco więcej, aby sobie więc sprawę ułatwić, można kupić gotowe sadzonki, na przykład na lokalnym targu. Na plony co prawda trzeba trochę poczekać, ale za to dzieci uwielbiają te małe kolorowe kulki prosto z krzaka, a przy ich zrywaniu mają mnóstwo frajdy i satysfakcji.

- **Truskawki i poziomki**

Tak samo jak w poprzednim przypadku można kupić gotowe sadzonki i pielęgnować je razem z dzieckiem. Czerwony kolor owoców i ich słodki zapach przyciągną dziecięce zmysły, a możliwość swobodnego sięgania po dojrzałe plony sprawi, że będą szybko znikać z krzaków.

- **Słonecznik**

Świetnie nadaje się do uprawy z dziećmi, bo bardzo szybko rośnie. Można go zjeść w całości jako zieleninę po osiągnięciu przez niego kilku centymetrów (zanim wykształci liście właściwe) albo pozwolić mu rosnąć, aż zakwitnie.

- **Zielony groszek**

Podobnie jak słonecznik, bardzo szybko rośnie. I tak samo możemy go albo spożyć jako kilkucentymetrowe chrupiące kiełki, albo pozwolić im rosnąć dalej. W tym drugim przypadku warto pozostawić im około 15-centymetrowe odstępy pomiędzy roślinami oraz koniecznie zapewnić podpórkę, po której będą mogły się piąć do góry.

- **Szczypiorek**

Wysiewany z nasion lub – dla ułatwienia – wysadzany z dostępnych w każdym sklepie na wiosnę cebulek dymek. Szczególnie w tym drugim przypadku bardzo szybko otrzymamy smaczny plon.

- **Zioła**

Tutaj już mamy ogromny wybór. Do wysiewania z nasion polecam te jednoroczne, takie jak na przykład bazylia czy kolendra. Z sadzonek możemy wysadzić miętę, oregano, tymianek czy rozmaryn. Dziecko w tym przypadku będzie miało okazję poznać całą feerię smaków i zapachów.

- **Kwiaty**

W dziecięcym ogródku (i nie tylko) można też dosiać kwiaty. Świetnie sprawdzą się tutaj nasturcje, nagietki czy aksamitki. Wszystkie dość szybko rosną i kwitną przez cały sezon. Niektóre kwiaty są jadalne.

- **Warzywne „resztki"**

Do ogrodniczych eksperymentów z najmłodszymi świetnie nadadzą się wszystkie odrastające z resztek warzywa:

cebula, seler liściowy, por, cebulki dymki. Większość z nich wystarczy włożyć do wody i czekać, aż urosną im świeże liście. Szczegółowe porady na ten temat zamieściłam w poprzednim rozdziale.

Podsumowując, bardzo gorąco zachęcam do angażowania dzieci w prace ogrodnicze. Najmłodsi mogą się przy tym wiele nauczyć, w tym cierpliwości i świadomości ekologicznej. Co więcej, to doświadczenie będzie na pewno miało pozytywny wpływ na ich dietę, a tym samym na ich zdrowie przez całe życie.

4 | Zwierzęta domowe

Jako że balkon ma być przyjazną przestrzenią dla wszystkich domowników, nie możemy zapomnieć o naszych pupilach, z którymi najczęściej dzielimy naszą przestrzeń życiową: o psach i kotach. Jedną ważną kwestią jest przystosowanie balkonu dla naszych zwierząt, a drugą – zabezpieczenie naszych upraw przed zwierzętami.

Zabezpieczenie balkonu

Z psami sprawa jest prosta, bo nie skaczą wysoko ani nie wspinają się po wszystkim, po czym się tylko da. Dostosowując balkon dla psa, wystarczy się upewnić, że nie przeciśnie się przez barierki i nie wypadnie. W tym celu świetnie sprawdzą się wszelkie osłonki na barierki – maty bambusowe, trzcinowe, plastikowe itp. Ich wybór w sklepach jest naprawdę duży.

Z kotami jest już trudniej, gdyż one uwielbiają wszelkie akrobacje. Skoki, wspinanie się po rozmaitych powierzchniach czy też balansowanie na barierkach to dla większości z nich codzienność. Dlatego w ich przypadku, oprócz osłonięcia dolnej części balkonu, warto na górze zamontować specjalną siatkę na całym balkonie, tym bardziej jeśli mieszkamy na wyższych piętrach. Taka siatka przy okazji będzie stanowiła skuteczną ochronę przed wszelkim ptactwem, w tym brudzącymi gołębiami czy wyjadającymi nasiona wróblami. Do tego możemy ją wykorzystać jako podpórkę dla roślin pnących czy nawet podwiązywać do niej pomidory. Jest to jedyne rozwiązanie gwarantujące kotu bezpieczeństwo.

Zabezpieczenie naszych upraw

Zwierzęta, obojętnie, czy psy, czy koty, często bardzo interesują się wszelkimi roślinami. Podjadają liście, wygrzebują ziemię, bawią się znalezionymi kulkami (czy będzie to keramzyt, czy pomidorki). Jeśli chcemy tego uniknąć, możemy skorzystać z zaproponowanych poniżej rozwiązań.

- **Kącik dla zwierzaka**

Żeby zmniejszyć zainteresowanie pupila naszymi doniczkami, można spróbować przygotować jedną czy dwie specjalnie dla nich. W sklepach dostępne są mieszanki zbóż przeznaczone specjalnie dla zwierząt domowych. Często zdarza się tak, że jeśli pies czy kot ma coś swojego, co może bezkarnie podgryzać, przestanie interesować się całą resztą. Niestety nie na wszystkie zwierzęta to działa. Mój kot zdecydowanie wolał podgryzać liście rzodkiewek niż własną trawkę. Z kolei koty moich rodziców uwielbiały się wylegiwać na doniczkach z kwiatami. Tata wieszał doniczki coraz wyżej na kracie, aby je zniechęcić, ale zwierzaki nic nie robiły sobie z tej różnicy wysokości. Co więcej, chyba miały dzięki temu jeszcze więcej frajdy.

- **Fizyczne odgrodzenie upraw**

Zdecydowanie skuteczniejszym rozwiązaniem jest fizyczne oddzielenie naszych upraw od pozostałej części balkonu. Dla psa wystarczy zamontować bramkę, jak dla małego dziecka. Dla kota zabezpieczenie trzeba pociągnąć aż do sufitu. W ten sposób wydzielimy na balkonie strefę upraw, do której nasze zwierzęta nie będą miały dostępu.

- **Pilnowanie zwierząt**

To chyba najskuteczniejsze rozwiązanie, ale i najbardziej uciążliwe. Ja stosuję je najczęściej. Jeśli otwieram balkon na oścież, to po prostu pilnuję swojej kotki. Z reguły leży po prostu na ciepłych kaflach, ale zdarza się jej również podgryzać liście pomidorów, co może być dla niej niebezpieczne. Wtedy po prostu reaguję i zwierzę wraca do mieszkania. Częściej też otwieram drzwi balkonowe górą, wtedy kotka nie ma jak wyjść samodzielnie na balkon.

- **Niebezpieczne rośliny**

Ostatnią ważną kwestią jest upewnienie się, że na balkonie (ale i w mieszkaniu) nie ma żadnych trujących roślin, które mogłyby zaszkodzić naszym pupilom. Jeśli takowe uprawiamy, to w miarę możliwości ustawmy je poza zasięgiem zwierząt, albo szczególnie ich pilnujmy.

Poniżej wymieniłam niebezpieczne dla zwierząt rośliny, które mogą się znaleźć na balkonie. Pogrupowałam je ze względu na stopień toksyczności.

Duża toksyczność	Umiarkowana toksyczność
fasole (szczególnie ozdobne)	aloes
lobelia	awokado
papryka	groszek pachnący
wiciokrzew	wszelkie rośliny cebulowe (tak ozdobne, jak i jadalne: hiacynty, tulipany, żonkile, ale również czosnek)
ziemniak	wilec
	klematis
	pelargonia
	petunia
	pomidory
	winogrona

Jak widzicie, wiele z wymienionych roślin to gatunki, które bardzo często goszczą w naszych domach. Nierzadko nie jesteśmy

nawet świadomi zagrożeń, jakie mogą stanowić dla naszych czworonożnych przyjaciół. Szczególnie zwracam uwagę na pomidory i papryki. W razie spożycia tych pierwszych, u naszego zwierzaka najczęściej wystąpią „tylko" wymioty i biegunka, rzadziej zaburzenia krążenia lub oddychania. Jednak w przypadku papryk zagrożenie jest większe – ich zjedzenie może prowadzić do zaburzenia rytmu serca oraz uszkodzeń wątroby i nerek.
Są to niestety objawy, które najczęściej nie dają o sobie znać od razu, a skutki zatrucia mogą się ujawnić nawet dopiero po wielu latach. Pamiętajmy o tym, ustawiając rośliny na balkonie.

5 | Owady

Niektóre owady są bardzo pożądanymi gośćmi. Bez nich ciężko będzie uzyskać plony z wielu roślin. Przyjaciółmi ogrodnika są biedronki, które zjadają mszyce, tym samym stanowiąc ogromną pomoc w walce z tym szkodnikiem. Jedna larwa biedronki może zjeść nawet 600 mszyc! Warto zatem poznać kilka sposobów na przyciągnięcie tych przyjaznych owadów w rejon naszych upraw.

Przede wszystkim oprócz samych roślin użytkowych dobrze jest mieć w balkonowym ogrodzie kwiaty. Szczególnie te miododajne będą przyciągać owady zapylające. Możemy posadzić na przykład: krokusy, prymulki, cynie, kosmosy, fiołki wonne, wrzosy i wrzośce, astry, dalie itp. Pszczoły zwabią również popularne kwiaty balkonowe, takie jak pelargonie, surfinie czy lobelie. Równie dobrze sprawdzą się kwitnące zioła (tymianek, lawenda, bazylia, melisa czy szałwia), nagietki i aksamitki.

Możemy także zbudować specjalny domek dla owadów, który umieszczamy na balkonie późnym latem lub jesienią. W tym celu wystarczy zebrać kilka pustych w środku łodyg (np. maliny, forsycji czy czarnego bzu), trawy, patyków, kijków bambusowych i związać je w pęczek. Taki „bukiet" umieszczamy w skrzyneczce lub zawieszamy. Ważne, aby gałązki były ułożone poziomo. Można również ponawiercać kawałek drewna o wymiarach co najmniej 10 cm × 10 cm × 20 cm. Otwory powinny mieć głębokość 6–10 cm i średnicę 2–5 mm, najlepiej, aby biegły pod różnymi kątami. Domki można przykryć daszkiem, aby stworzyć owadom jeszcze lepsze warunki bytowe. W takich domkach chętnie zamieszkają pszczoły murarki. Są to dzikie pszczoły, pozbawione żądła, więc nie stanowią dla nas żadnego zagrożenia. Za to świetnie sobie radzą z zapylaniem! Same są bardzo ciekawym obiektem obserwacji przyrodniczej. Aby dodatkowo ułatwić im życie, postawmy na balkonie pojemnik z nasączonym wodą mchem. Unikajmy talerzyków czy miseczek z wodą, gdyż w nich pszczoły się po prostu utopią.

Co ciekawe, kokony pszczół murarek są już bez problemu dostępne do kupienia w internecie. Jeśli więc będziecie chcieli założyć ich hodowlę, wcale nie musicie czekać, aż same znajdą przygotowany dla nich domek. Inne bardzo pożyteczne owady to złotooki o delikatnie wyglądających złotoseledynowych skrzydłach. Niewiele osób wie, że ich larwy, tak jak larwy biedronek, mogą zjeść wiele mszyc czy przędziorków. Domek dla złotooków będzie miał nieco inną konstrukcję – najlepiej sprawdzi się skrzynka o dziurkowanych ściankach, na przykład wykonana z kratek wentylacyjnych, wypełniona liśćmi lub słomą. Powinna mieć nieprzeciekający dach. Umieszczamy ją pod samym sufitem, w miejscu osłoniętym od wiatru.

W podobny sposób wykonamy domek dla trzmieli. Jedyną różnicą jest to, że do wnętrza domku powinien prowadzić jeden otwór o średnicy 1,5–2 cm. Dzięki młodej polskiej badaczce Monice Leończyk wiemy, że trzmiele najlepiej przyciągnie budka w kolorze niebieskim. Udowodniła ona również, że pomidory zapylane przez trzmiele dają o 30 procent większe i smaczniejsze plony. Trzmiele są dość spokojnymi owadami i mimo że ich odwłok jest zakończony żądłem, nigdy nie atakują niesprowokowane. Może się to zdarzyć, gdy na trzmiela nadepniemy lub złapiemy go w rękę, rzadko w innej sytuacji. Jad trzmieli zawiera dużo mniej niebezpiecznych dla nas substancji niż na przykład jad pszczoły. Użądlenie jest bolesne i wprawdzie pozostawia czerwony ślad i obrzęk, ale te objawy ustępują samoistnie po kilku dniach. Inaczej sytuacja wygląda u osób uczulonych – konsekwencje użądlenia mogą być bardzo, bardzo poważne. W tym przypadku lepiej tych owadów unikać.

Z kolei domek dla biedronek łatwo wykonamy z ceramicznej doniczki. Wypełniamy ją suchą trawą, sianem, suchymi liśćmi lub szyszkami. Całość mocujemy wewnątrz na przykład za pomocą sznurka lub drutu. Doniczkę zawieszamy na balkonie do góry dnem. Robimy to pod koniec lata lub jesienią, gdyż właśnie wtedy owady szukają schronienia. Dzięki tak przygotowanym domkom unikniemy nieproszonych gości w mieszkaniu.

Aby pomóc pożądanym owadom, pamiętajmy o nieużywaniu mocnej chemii w uprawach balkonowych. Wszelkie środki chemiczne zabijające insekty będą również trucizną dla pożytecznych owadów.

6 | Permakultura na balkonie

„Permakultura" jest coraz częściej spotykanym terminem w kontekście ogrodnictwa. W ogromnym skrócie można opisać ją słowami jednego z jej twórców Billa Mollisona jako „filozofię działania zgodnie z naturą raczej niż wbrew niej" (*Introduction to Permaculture*, 1991). Permakultura to projektowanie zrównoważonego środowiska na wzór ekosystemów naturalnych. Oznacza to przede wszystkim troskę o ziemię (na przykład używamy naturalnych nawozów, staramy się produkować jak najmniej odpadów i wybieramy takie rozwiązania, które mają pozytywne skutki ekologiczne). Wszystkie elementy systemu projektowanego w duchu permakultury wzajemnie się uzupełniają i tworzą jeden spójny organizm. Dzięki temu otrzymujemy ekosystem, który nie tylko pozytywnie oddziałuje na środowisko, ale również przynosi więcej plonów przy naszym mniejszym zaangażowaniu. To dlatego, że jednym z celów permakultury jest tworzenie systemów samoregulujących się. Założyciel Polskiego Instytutu Badawczego Permakultury Łukasz Nowacki przez kilka lat prowadził na swoim balkonie projekt badawczy, który miał wykazać, jak w praktyce takie rozwiązania sprawdzą się w uprawie pojemnikowej. W szczytowym sezonie badacz zdołał uzyskać z własnych upraw około 40 procent wszystkich spożywanych przez siebie produktów roślinnych. Na jego balkonie znajdowały się między innymi: wszelkie zioła (bazylia, oregano, tymianek, rozmaryn itp.), pomidory, ogórki, bób, fasola, groszek cukrowy, ziemniaki, borówki amerykańskie, topinambur, jarmuż, brokuły, kalafiory, winorośl a także kwiaty, takie jak nasturcja, aksamitki, chabry, fiołki, lawenda czy ogórecznik. Ponadto uprawiał grzyby – boczniaki na słomianych balotach oraz grzyby mun i shiitake na częściowo zanurzonych w wodzie kłodach drewna. Wszystkie rośliny posadzone były w dużych kastrach budowlanych z podwójnym dnem. Na spodzie tych donic znajdowała się warstwa wody, podobnie jak w projekcie samonawadniających się donic (strona 43).

Na podstawie tego doświadczenia badacz opisał uniwersalne założenia permakultury, które warto wprowadzić do balkonowych upraw. Ich opis znajdziecie poniżej.

- **Większe pojemniki**

Balkon jest ekstremalnym środowiskiem do uprawy roślin. Szczególnie prawdziwe jest to stwierdzenie w przypadku tych z ekspozycją południową. Nie bez powodu czasem nazywamy takie balkony „patelniami", gdyż w upalne dni panują na nich naprawdę wysokie temperatury. Wykorzystanie większych pojemników i obsadzenie ich większą liczbą różnych roślin pomoże nam utrzymać stałą temperaturę podłoża i zapobiec jego wysychaniu, które stanowi jeden z największych problemów balkonów usytuowanych od strony południowej. Jednocześnie takie rozwiązanie jest dobre dla nas, gdyż rośliny rosnące w większych pojemnikach nie wymagają aż tak częstego podlewania. Ponadto jeśli wprowadzimy do nich system automatycznego nawadniania, nasze zaangażowanie będzie mogło być jeszcze mniejsze. Ważne jest, aby w takich pojemnikach łączyć sadzonki zgodnie z zasadami uprawy współrzędnej (więcej na ten temat znajdziecie na stronach 94–99). Posadzone razem rośliny muszą się wzajemnie wspierać, a nie konkurować ze sobą o podobne składniki odżywcze.

- **Ściółkowanie**

Ściółka jest wszechobecna w naturze. Spadające liście drzew czy krzewów tworzą naturalną warstwę ochronną dla gleby. W naszych uprawach często tego brakuje, a ściółkować warto – choćby z powodu odparowywania wody z podłoża. W momencie kiedy zabezpieczymy je od góry ściółką, parowanie będzie mniejsze, przez co zmniejszy się częstotliwość podlewania naszych upraw. Co więcej, ściółka rozkłada się nieustannie, przekazując substancje odżywcze do gleby. Możemy ściółkować wszystkim, co naturalne (korą, słomą, trzciną, liśćmi, odpadami roślinnymi, trocinami czy też papierem), choć Łukasz Nowacki poleca użycie zrębków drewna, które można pozyskać za darmo od firm zajmujących się zielenią miejską.

- **Kompostowanie**

Kompostowanie bardzo mocno wpisuje się w filozofię permakultury. Przede wszystkim pomaga zredukować wytwarzane przez nas odpady. Wszelkie resztki roślinne zamiast w śmietniku lądują w kompostowniku i są przetwarzane na coś użytecznego – naturalny nawóz dla roślin. Możemy go wykorzystać do tworzenia własnych mieszanek podłoża, w którym sadzimy rośliny. Łukasz Nowacki miesza kompost z piaskiem lub ziemią z ogródka w proporcji 1:5. Czyniąc w ten sposób, przyczynimy się do ochrony naturalnych torfowisk, z których pozyskiwany jest torf do mieszanek ziemi ogrodniczej dostępnych w sklepach. Taka samodzielnie stworzona mieszanka stanowi bardzo wartościowe, pełne składników odżywczych podłoże. Jest ono lepsze nie tylko dla globalnego ekosystemu, ale również dla naszych upraw. Kompost warto produkować na bieżąco, przez cały sezon, i podsypywać nim regularnie nasze uprawy.

- **Wprowadzenie do naszych upraw grzybów**

Grzyby są elementem, który mnie osobiście zaciekawił najbardziej. W moim odczuciu są one bardzo niedoceniane i często pomija się je w planowaniu upraw roślin jadalnych, nie tylko na balkonie, ale i w przydomowych warzywnikach. Niewiele osób wie, że potrafią one bardzo mocno wspomóc nasze uprawy. W sklepach internetowych możemy znaleźć mieszanki grzybów mikoryzowych – inne do warzyw i ziół, inne do wrzosów i iglaków czy różnych gatunków drzew. Kupujemy je w postaci grzybni w płynie, którą szczepimy poprzez dodanie łyżeczki roztworu pod korzenie sadzonej rośliny. Można je również zaaplikować poprzez wstrzyknięcie ich do gleby w pobliżu rosnących już upraw. Grzyby te rozwijają się i łączą z korzeniami naszych roślin. Dzięki temu chłonność korzeni głównej uprawy wzrasta nawet tysiąckrotnie! Efektem jest większa przyswajalność wody oraz składników mineralnych z podłoża, przy jednoczesnym ograniczeniu wchłaniania metali ciężkich. Takie rośliny lepiej zarówno rosną, jak i plonują (nawet do 30 procent) oraz są mniej podatne na wysychanie. Co więcej, „współpracujące" z grzybami rośliny są chronione przed niektórymi chorobami atakującymi korzenie czy szkodnikami takimi jak nicienie glebowe.

Wprowadzenie tych elementów pozwoli zatem uzyskać większe plony i zdrowsze rośliny, przy jednoczesnym ograniczeniu zaangażowania z naszej strony. Skorzysta również środowisko – ograniczymy produkcję odpadów i nie przyczynimy się do niszczenia naturalnych torfowisk. To właśnie jest esencja filozofii permakultury – stworzenie zrównoważonego systemu, w którym wszyscy wygrywają.

7 Balkon przyjazny nie tylko dla nas

Przy całej radości, jaką czerpiemy z balkonowych upraw, pamiętajmy o tym, że jesteśmy częścią społeczności. Większość spółdzielni czy wspólnot mieszkaniowych w swoich statutach reguluje kwestie takie jak rozpalanie na balkonie grilla czy montaż anten satelitarnych, jednak przy każdej innej aktywności musimy zdać się na zdrowy rozsądek. Dlatego zachęcam, aby mieć na względzie sąsiadów. Upewnijcie się, że podlewając swoje rośliny, nie zalejecie przy okazji świeżo wywieszonego prania piętro niżej. Jeśli chcecie uprawiać szybko rosnące pnącza, ustalcie z sąsiadem mieszkającym nad wami, czy też chce je mieć u siebie. Jeśli nie, koniecznie przytnijcie ekspansywną roślinę, zanim wespnie się na kolejny balkon.

Bądźmy też wyrozumiali. Mieszkając w bloku, zwyczajnie godzimy się na to, że niektóre aktywności sąsiedzkie będą nam przeszkadzać. Tak jak rodzice małych dzieci często cierpią, gdy sąsiedzi robią remont mieszkania i hałasem przerywają dzieciom drzemki, tak starszym lokatorom może przeszkadzać dziecięcy śmiech dobiegający z balkonu obok.

Jesteśmy częścią społeczności i takie sytuacje zawsze będą miały miejsce. Mieszkanie w miejskim bloku ma wiele zalet i wiele wad, jak wszystko w życiu. Jednak jeśli będziemy wrażliwi na potrzeby innych i jednocześnie dla nich wyrozumiali, będzie nam się wszystkim żyło dużo przyjemniej. W każdym razie z sąsiadami zawsze warto rozmawiać. A może właśnie wymiana uprawami balkonowymi stanie się pretekstem do nawiązania międzysąsiedzkich przyjaźni?

Eksperymentujcie!

Aby wyhodować na balkonie roślinną dżunglę, należy zacząć od uprawy kilku roślin. Niniejsza książka jest zbiorem rad, w jaki sposób zacząć swoją przygodę z ogrodnictwem balkonowym. Zachęcam jednak do eksperymentów. W ogrodnictwie piękne jest to, że każdego roku zbieramy nowe doświadczenia. Co z tego, że pomidory lubią słońce? Posadźcie je na swoim balkonie z ekspozycją północno-wschodnią. Może nie urosną tak dorodne, jak zrobiłyby to po drugiej stronie budynku, ale owoce, które się pojawią, i tak przyniosą wam mnóstwo satysfakcji! Łamcie zasady i zobaczcie, co sprawdzi się u was.

1 | Nauka na błędach

Porażki mają ogromną wartość. Dużo więcej uczymy się, kiedy coś się nam nie udaje. Wyciągamy wtedy wnioski, analizujemy, co poszło nie tak. W przyszłości (z reguły) nie popełnimy tych samych błędów. Niestety wiele osób ze strachu przed porażką wcale nie zaczyna. Pamiętajcie: w ogrodnictwie porażka jest częścią codzienności. Tak, czasem obudzicie się rano tylko po to, aby odkryć, że cała wasza bazylia została pożarta przez gąsienice. Innym razem wrócicie z kilkudniowego wyjazdu i zastaniecie na balkonie obraz nędzy i rozpaczy, bo nie miał kto wnieść do domu waszych sadzonek pomidorów na czas największej burzy. Będą okresy bezskutecznej walki z całą armią mszyc czy z zarazą ziemniaczaną. Zdarzą się też bardziej błahe sytuacje – zapomnicie podlać rośliny podczas największych upałów, nie schowacie ich przed mocnym deszczem, nie zdążycie ich zabezpieczyć przed pierwszymi przymrozkami. Ale to nic! Choć takie straty bolą, zawsze będzie kolejna wiosna i kolejna okazja do eksperymentów.

2 | Znajdźcie to, co dobre dla was

Tylko eksperymentując, odkryjecie, co jest dla was najlepsze. Nie sugerujcie się innymi, szukajcie swoich rozwiązań. Inspiracje są świetne, póki nie ograniczają naszej kreatywności. Niech wasza przestrzeń, wasz balkon czy parapet będą odzwierciedleniem waszej pasji i charakteru. Wiele osób mogłoby mi zarzucić, że przy metrażu moich balkonów mogłabym je lepiej wykorzystać, zaś przy bardziej uważnej pielęgnacji mogłabym zebrać większe plony, a w ogóle to powinnam zwrócić większą uwagę na estetykę. Ale to nie dla mnie. Dla mnie ważne jest to, aby co roku poznawać nowe smaki pomidorów. Zależy mi, aby mieć dostęp do świeżych ziół, które wykorzystuję codziennie do gotowania. Lubię też porównywać ich różne odmiany i sprawdzać, czy między tymiankiem cytrynowym, pomarańczowym a właściwym rzeczywiście jest jakaś różnica. Co roku eksperymentowałam i eksperymentuję nadal. Nasze potrzeby i preferencje zmieniają się razem z nami, dlatego tak ważne jest ciągłe poszukiwanie.

3 | Próbujcie wciąż nowych rzeczy

Liczba odmian warzyw jest przeogromna. Pomimo skrupulatnego notowania ulubionych odmian rzadko do nich wracam. Dlaczego? Bo wciąż jest tyle nieznanych mi smaków, a co roku na rynku pojawiają się nowości! Jeśli nie wystarczają nam gatunki rodzime, możemy się otworzyć na świat azjatyckich sałat czy tropikalnych owoców. Dostępność nasion jest coraz większa i bez problemu możemy sobie zamówić paczkę z drugiego końca świata albo po prostu wysiać nasiona sprzedawane jako przyprawa w lokalnym sklepie. Pestki z cytryny czy awokado – to wariant dla ambitnych. Każdego sezonu macie szansę spróbować czegoś nowego w zaciszu własnego domu. Nawet jeśli wam się nie uda, czegoś się nauczycie. Nie macie nic do stracenia, możecie jedynie zyskać. To jak? Wiecie już, co zasadzicie na swoim balkonie?

Aneks – preparaty roślinne

Poniżej znajdziesz zestawienie preparatów roślinnych, które mogą cię wspomóc w walce ze szkodnikami i chorobami. Jest to rozszerzenie informacji z rozdziału *Ekologiczne preparaty…* (strony 100–110).

Dla przypomnienia, z każdego surowca możesz wykonać cztery różne preparaty:

- Gnojówka roślinna – świeże ziele zalewamy zimną wodą (1 kg ziela na 10 litrów wody) w drewnianym, kamionkowym lub plastikowym naczyniu (nie metalowym!). Gnojówka nie powinna być szczelnie przykryta, musi mieć dostęp powietrza – jednak zaleca się przykryć ją gazą, aby uniknąć dostania się do niej owadów. Raz dziennie ją mieszamy. Czekamy, aż sfermentuje, co może trwać od 2 do 4 tygodni (zależnie od pogody, im cieplej, tym szybciej). Proces jest zakończony, gdy nasz preparat będzie klarowny i przestanie się pienić. Gnojówki mają bardzo nieprzyjemny zapach.
- Wyciąg roślinny (nastój) – świeże lub suszone ziele zalewamy zimną wodą i odstawiamy na 12–24 godzin aż do wytworzenia lekkiej pianki. Należy zużyć go najlepiej tego samego dnia.
- Wywar (odwar) – świeże lub suszone ziele zalewamy zimną wodą jak w przypadku wyciągu i zostawiamy na

12–24 godziny, po czym gotujemy na słabym ogniu przez ok. 30 minut i zostawiamy do wystygnięcia. Jeszcze gorący możemy przelać do słoików, szybko zakręcić, odwrócić do góry dnem i pozostawić w tej pozycji do wystygnięcia. Można go zapasteryzować również w inny sposób, tak samo jak przetwory. W takiej postaci wywar zachowuje ważność przez około 3–4 miesiące, po otwarciu około tygodnia.

- Napar – świeże lub suszone ziele zalewamy wrzącą wodą i pozostawiamy pod przykryciem około 20–30 minut, aż wystygnie. Trzeba wykorzystać tego samego dnia.

W zależności od oczekiwanego efektu stosujemy konkretny rodzaj preparatu w konkretnym stężeniu.

Pokrzywa zwyczajna

Zbiór: wiosna (od maja)–lato; zielone części bez korzeni przed kwitnieniem; zamiast świeżego ziela można użyć 100–200 g ziela suszonego.

Preparat / rozcieńczenie	Działanie	Stosowanie
Gnojówka nierozcieńczona	przyspiesza rozkład materii organicznej	polewać wielokrotnie kompost
Gnojówka 1:10–20	wzmaga wzrost roślin	polewać glebę i opryskiwać rośliny w okresie wegetacji
Gnojówka 1:10–20	zapobiega chorobom grzybowym i szkodnikom	polewać glebę wczesną wiosną po mrozach
Gnojówka 1:20	chlorozy, mszyce, przędziorki	opryskiwać rośliny przed ruszeniem pąków
Gnojówka fermentująca 1:50 (4–5-dniowa)	mszyce, tarczniki, miseczniki, przędziorki	opryskiwać zwłaszcza drzewa owocowe trzykrotnie w ciągu 10 dni przed tworzeniem się pąków i kwiatów
Wyciąg nierozcieńczony (1 kg świeżych lub 200 g suchych roślin na 10 l wody)	mszyce, przędziorki	opryskiwać rośliny zapobiegawczo i w czasie pojawienia się szkodników
Wywar 1:5 (proporcje jak dla wyciągu)	chowacze łodygowe, chowacz szczypiorak	opryskiwać rośliny wczesną wiosną
Napar 1:3 (proporcje jak dla wyciągu)	przy zmieszaniu w 1/3 z bylicą piołunem lub wrotyczem chroni przed pachówką strąkóweczką	opryskiwać rośliny co dwa tygodnie przez trzy dni podczas pojawienia się owadów

Skrzyp polny

Zbiór: przez cały okres wegetacji, najlepiej czerwiec–lipiec, nadziemne części rośliny bez korzeni, można użyć 200 g ziela suszonego.

Preparat / rozcieńczenie	Działanie	Stosowanie
Gnojówka 1:5	mączniak prawdziwy, choroby wywoływane przez grzyby glebowe	opryskiwać rośliny i glebę przez cały okres wegetacji co 3 tygodnie przez 3 dni, w czasie słonecznych dni przed południem
Gnojówka 1:4	wzmacnia rośliny, uzdrawia glebę	podlewać rośliny i glebę kilkakrotnie w okresie wegetacji
Gnojówka fermentująca (4–5-dniowa)	przędziorki, miseczniki, tarczniki, mszyce	opryskiwać rośliny w czasie słonecznych dni przed południem
Wywar 1:4	mączniak prawdziwy i rzekomy, rdze, parch jabłoni, kędzierzawość liści brzoskwini, zaraza ziemniaczana, septorioza pomidora	opryskiwać glebę i rośliny kilkakrotnie co 2–3 tygodnie
Wywar 1:3	szara pleśń	opryskiwać rośliny co 3 tygodnie przez 3 dni przed południem
Wyciąg nierozcieńczony (1 kg świeżego lub 200 g suchego ziela na 10 l wody na 12 godz.)	mszyce	opryskiwać rośliny w razie potrzeby
Wyciąg 1:5	wzmacnia rośliny (zobacz wywar 1:4)	opryskiwać rośliny kilkakrotnie w okresie wegetacji

Preparat / rozcieńczenie	Działanie	Stosowanie
Napar 1:4	uodparnia rośliny na mączniaki, zgnilizny, rdze, parch, kędzierzawość liści brzoskwini, zarazę ziemniaczaną na pomidorach	opryskiwać rośliny i glebę od końca marca do października co 2 tygodnie, zwłaszcza w wilgotne lata
Napar 1:5 (1 kg świeżego skrzypu i 0,5 kg wrotyczu lub 200 g suszu)	zmieszany w 1/3 z naparem z wrotyczu, chroni przed mszycami, misecznikami, tarcznikami	opryskiwać rośliny po pojawieniu się szkodników

Żywokost lekarski

Zbiór: w maju i czerwcu, na początku kwitnienia całe rośliny wraz z korzeniami; można użyć 200 g ziela suszonego.

Preparat / rozcieńczenie	Działanie	Stosowanie
Gnojówka 1:5	mszyce	opryskiwać rośliny zapobiegawczo i przy porażeniu
Gnojówka 1:10	pobudza rośliny do wzrostu	podlewać glebę i rośliny w okresie wegetacji
Gnojówka 1:20	pobudza rośliny do wzrostu	opryskiwać rośliny w okresie wegetacji
Wyciąg nierozcieńczony (1 kg świeżego lub 150 g suszonego ziela na 10 l wody na 48 godz.)	stosować przy niedoborze potasu	opryskiwać rośliny i glebę w okresie wegetacji
Wywar nierozcieńczony (proporcje jak dla wyciągu)	stosować przy niedoborze potasu	podlewać glebę w okresie wegetacji

Preparat / rozcieńczenie	Działanie	Stosowanie
Wywar 1: 4 (moczyć 10–12 godz., gotować 1–2 godz.; przechowywać do miesiąca)	mszyce, miodówki, szkodniki kapustne	opryskiwać rośliny w czasie pojawienia się szkodników

Wrotycz pospolity

Zbiór: w lipcu–wrześniu zielone części roślin w czasie pełnego kwitnienia, można użyć 100 g suszu.

Preparat / rozcieńczenie	Działanie	Stosowanie
Gnojówka nierozcieńczona	mrówki, pędraki	podlewać mrowiska i glebę w czasie pojawienia się szkodników
Gnojówka 1:15	mszyce	opryskiwać rośliny w czasie pojawienia się szkodników
Wywar 1: 5 (500 g świeżego lub 75 g suchego ziela na 10 l wody na 24 godz., gotować 20 minut)	pchełki, mączlik szklarniowy, opuchlak truskawkowy, kwieciaki, roztocz truskawkowy, mrówki, mączniak prawdziwy	opryskiwać rośliny i glebę zapobiegawczo i przy porażeniu
Napar 1: 2 (300 g świeżego lub 30 g suszu na 10 l wody)	połyśnica marchwianka, wgryzka szczypiorka, wciornastki, mszyce (wraz ze skrzypem), pachówka strąkóweczka (wraz z pokrzywą)	opryskiwać rośliny na krótko przed lotem owadów
Wyciąg 1: 2 (proporcje jak dla naparu)	śmietka cebulanka, wgryzka szczypiorka, mszyce, gąsienice namiotnikowate, bawełnice, gąsienice bielinków, owocówki, rdze	opryskiwać rośliny i glebę zapobiegawczo i przy porażeniu

Bylica piołun

Zbiór: w lipcu–sierpniu górne, kwitnące części roślin.

Preparat / rozcieńczenie	Działanie	Stosowanie
Gnojówka nierozcieńczona (500 g świeżego lub 50 g suchego ziela na 10 l wody)	mrówki	polewać mrowiska w czasie pojawienia się szkodników
Wyciąg nierozcieńczony (300 g świeżych lub 30 g suchych roślin na 10 l wody)	odstrasza gryzonie i ślimaki	polewać nory i glebę w czasie pojawienia się szkodników
Wyciąg 1:2	owocówka jabłkóweczka i śliwkóweczka, gąsienice zjadające liście	opryskiwać na krótko przed wylotem owocówek i w czasie pojawienia się gąsienic
Wywar nierozcieńczony (proporcje jak dla wyciągu)	pchełki, mszyce, szpeciel jeżynowiec	opryskiwać młode rośliny zapobiegawczo przeciwko mszycom i pchełkom 2 razy w tygodniu oraz na początku kwitnienia i po kwitnieniu przeciwko jeżynowcowi
Wywar 1:1	liściożerne gąsienice motyli	opryskiwać zaatakowane drzewa owocowe w czerwcu i lipcu

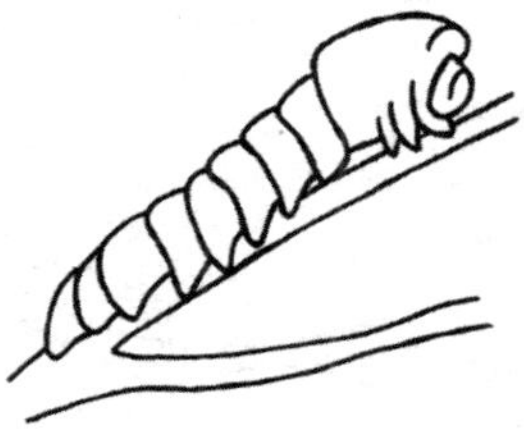

Cebula jadalna

Zbiór: używać całych cebul i łusek. Preparaty z cebuli można mieszać z preparatami z czosnku.

Preparat / rozcieńczenie	Działanie	Stosowanie
Gnojówka z łusek (20–50 g łusek i zielonego szczypiorku na 1 l wody na 4–7 dni)	roztocze, zaraza ziemniaczana na pomidorach	opryskiwać rośliny zapobiegawczo
Wyciąg nierozcieńczony (200 g łusek na 10 l wody, zostawić na 3–4 dni)	przędziorki, mszyce, miodówki, skoczki	opryskiwać rośliny kilkakrotnie
Wywar nierozcieńczony (75 g cebul lub 500 g łusek na 10 l wody)	choroby grzybowe, zaraza ziemniaczana, przędziorki, mszyce	opryskiwać rośliny zapobiegawczo
Napar nierozcieńczony (proporcje jak dla wywaru)	przędziorki, połyśnica marchwianka	opryskiwać rośliny zapobiegawczo i w czasie lotu muchówek

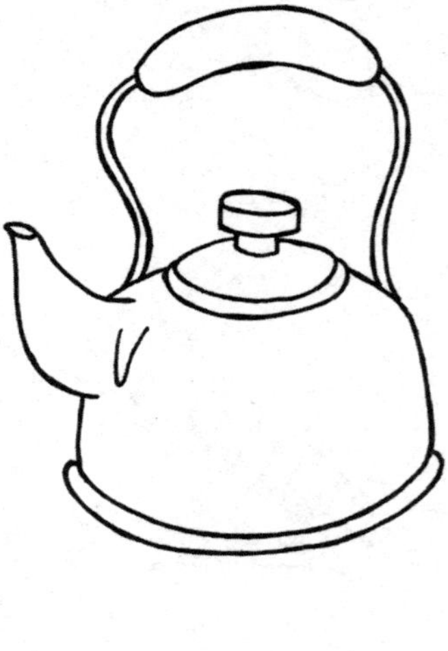

Czosnek pospolity

Zbiór: używać ząbków czosnku, liści i / lub łusek. Preparaty z czosnku można mieszać z preparatami z cebuli.

Preparat / rozcieńczenie	Działanie	Stosowanie
Gnojówka nierozcieńczona (75 g ząbków, 500 g świeżych lub 200 g suchych liści i łusek na 10 l wody)	połyśnica marchwianka	opryskiwać rośliny i glebę w czasie lotu muchówek
Gnojówka 1:10	wzmacniająco, przeciwko chorobom grzybowym	zapobiegawczo podlewać glebę wokół drzew owocowych
Wyciąg nierozcieńczony (250 g ząbków na 10 l wody zmielić, mieszać, po 15 minutach odcedzić)	wielkopąkowiec porzeczkowy	opryskiwać krzewy porzeczki czarnej podczas pękania pąków i tuż po kwitnieniu
Wyciąg nierozcieńczony	choroby grzybowe, połyśnica marchwianka, śmietki	opryskiwać rośliny zapobiegawczo wiosną i latem oraz przy porażeniu i w okresie lotu muchówek
Wywar nierozcieńczony (200 g ząbków na 10 l wody, zmielić, zostawić na 24 godz., gotować 20 minut)	działa podobnie jak wyciąg	stosować jak wyciąg
Napar nierozcieńczony (proporcje jak dla gnojówki)	choroby grzybowe, połyśnica marchwianka	opryskiwać rośliny zapobiegawczo kilkakrotnie w okresie lotu muchówek

Pomidor

Zbiór: stosować zdrowe, zielone części rośliny, głównie liście i usuwane pędy boczne, także niedojrzałe owoce, korzenie.

Preparat / rozcieńczenie	Działanie	Stosowanie
Gnojówka 1:10 (150 g liści i pędów na 10 l wody)	przyspiesza wzrost pomidorów	podlewać rośliny kilkakrotnie w okresie wegetacyjnym
Wyciąg nierozcieńczony (150 g liści i pędów na 10 l wody na 2 godz.)	rolnice, bielinek kapustnik, pachówka strąkóweczka	opryskiwać rośliny w czasie wylotu motyli
Wyciąg z liści (400 g liści zmielić, zalać wodą na 2–3 godz., przefiltrować i uzupełnić wodą do 10 l)	mszyce, pluskwiaki różnoskrzydłe, wciornastki, drobne gąsienice, larwy pilarzowatych	opryskiwać rośliny dwukrotnie co 8–10 dni
Wywar 1:4 (4 kg świeżych roślin na 10 l wody gotować 30 minut, odstawić na 2 godz.)	mszyce, przędziorki, młode gąsienice zwójek i bielinków, tantniś krzyżowiaczek, pchełki, owocówki i mrówki	opryskiwać rośliny przy porażeniu

Wykaz źródeł

Jak świadomie otaczać się zielenią w czasach przemian?

Więcej o ogrodach zwycięstwa: https://en.wikipedia.org/wiki/Victory_garden [dostęp 07.01.2018].

O programach rozwoju rolnictwa ONZ, tak zwanej zielonej rewolucji: Prabhu L. Pingali, *Green Revolution: Impacts, limits, and the path ahead,* Proceedings of the National Academy of Sciences, 2012, vol. 109, nr 31, s. 12302–12308, [online] https://www.ncbi.nlm.nih.gov/pmc/articles/PMC3411969/ [dostęp 07.01.2018]; *Green Revolution,* [w:] Encyclopedia of Food and Culture, [online] http://www.encyclopedia.com/plants-and-animals/agriculture-and-horticulture/agriculture-general/green-revolution [dostęp 07.01.2018].

Artykuł National Geographic na temat utraty bioróżnorodności: http://www.national-geographic.pl/ludzie/roslinna-arka [dostęp 07.01.2018].

Przyczyny wielkiego głodu w Irlandii: Y. Kentaro i in., *The rise and fall of the* Phytophthora infestans *lineage that triggered the Irish potato famine,* eLife, 2013, nr 2, [online] https://www.ncbi.nlm.nih.gov/pmc/articles/PMC3667578/ [dostęp 07.01.2018].

Ile wyrzucamy żywności w Polsce? http://www.pap.pl/aktualnosci/news,898119,greenpeace-polska-co-roku-w-kraju-marnujemy-9-mln-ton-zywnosci.html [dostęp 07.01.2018].

O marnowaniu żywności w skali światowej (Food and Agriculture Organization of the United Nations): http://www.fao.org/food-loss-and-food-waste/en/ [dostęp 07.01.2018]; http://www.ekologia.pl/srodowisko/ochrona-srodowiska/na-swiecie-marnuje-sie-1-3 zywnosci-1-3-miliarda-ton-jedzenia-laduje-w-koszu,15387.html [dostęp 26.01.2018].

Historia zmniejszenia się populacji Detroit: http://worldpopulationreview.com/us-cities/detroit-population/ [dostęp 07.01.2018].

Raport dla kongresu USA dotyczący pustyni żywności: https://www.ers.usda.gov/webdocs/publications/42711/12716_ap036_1_.pdf?v=41055 [dostęp 07.01.2018].

Największe pustynie żywności w USA: https://newsone.com/1540235/americas-worst-9-urban-food-deserts/ [dostęp 07.01.2018].

Strona organizacji MUFI (Michigan Urban Farming Initiative): http://www.miufi.org/ [dostęp 07.01.2018].

Strona organizacji Keep Growing Detroit: http://detroitagriculture.net/ [dostęp 07.01.2018].
Raport Keep Growing Detroit za rok 2017: detroitagriculture.net/wp-content/uploads/2017_KGD_Annual-Report_Small_Final_12.5.17.pdf [dostęp 07.01.2018].
Brytyjskie miasto Todmorden jako przykład ogrodnictwa miejskiego: http://www.independent.co.uk/property/gardening/incredible-edible-guerrilla-gardeners-are-planting-veg-for-the-masses-in-west-yorkshire-8657717.html [dostęp 07.01.2018].
Niemieckie miasto Andernach jako przykład ogrodnictwa miejskiego: http://www.telegraph.co.uk/gardening/gardenprojects/10951813/Welcome-to-Andernach-Germanys-edible-city.html [dostęp 07.01.2018].
Ogrody społeczne Warszawy: http://bujnawarszawa.pl/ [dostęp 07.01.2018].
Fort Bema w mediach społecznościowych: https://www.facebook.com/ogrodfort/ [dostęp 07.01.2018].
O zmianach w bioróżnorodności: https://rafiusa.org/issues/seeds/ (Rural Advancement Foundation International-USA) [dostęp 26.01.2018].

Wielka przygoda na małym balkonie

Największe polskie forum ogrodnicze: https://forumogrodnicze.info/ [dostęp 07.01.2018].
Informacje na temat tzw. zimnej Zośki, czyli majowego ochłodzenia: H. Bednarek, *Czy zimni ogrodnicy są zawsze zimni?* [online] http://rolnictwo.re.pl/artykul/8745.html [dostęp 07.01.2018].

Warzywna dżungla krok po kroku

Informacje na temat liczby upraw biodynamicznych na świecie: J. Paull, *Organics Olympiad 2016: Global Indices of Leadership in Organic Agriculture*, Journal of Social and Development Sciences, 2016, vol. 7, nr 2, s. 79–87, [online] https://www.academia.edu/26803383/Organics_Olympiad_2016_Global_Indices_of_Leadership_in_Organic_Agriculture [dostęp 07.01.2018].
O uprawie współrzędnej (*companion planting*): https://pl.wikibooks.org/wiki/Ekoogrodnictwo/P%C5%82odozmian/Uprawa_wsp%C3%B3%C5%82rz%C4%99dna [dostęp 07.01.2018]; https://en.wikipedia.org/wiki/List_of_companion_plants [dostęp 07.01.2018].
Allelopatia w uprawie warzyw: J. John, *Role of Allelopathy in vegetables crops production*, Allelopathy Journal, 2010, vol. 25, nr 2, s. 275–312, [online] https://www.researchgate.net/profile/Jacob_John5/publication/280096519_Role_of_Allelopathy_in_vegetables_crops_production/links/55a8d83508aea3d0867cbc50.pdf [dostęp 07.01.2018].

Wyzwania balkonowego ogrodnika

Komunikaty Państwowej Inspekcji Ochrony Roślin i Nasiennictwa: https://piorin.gov.pl/sygn/start.php [dostęp 07.01.2018].
Badanie zawartości ołowiu w żywności: S. Staniak, *Źródła i poziom zawartości ołowiu w żywności*, Polish Journal of Agronomy, 2014, nr 19, s. 36–45, [online]

http://www.iung.pulawy.pl/PJA/wydane/19/PJA19str36_45.pdf [dostęp 07.01.2018].
Analiza zawartości metali ciężkich w warzywach uprawianych na terenach miejskich: L.V. Antisari i in., *Heavy metal accumulation in vegetables grown in urban gardens*, Agronomy for Sustainable Development, 2015, vol. 35, nr 3, s. 1139–1147, [online] https://link.springer.com/article/10.1007/s13593-015-0308-z [dostęp 07.01.2018].
Więcej informacji o grzybach mikoryzowych: https://poradnikogrodniczy.pl/mikoryza.php [dostęp 07.01.2018].
Wykorzystanie grzybów mikoryzowych w uprawie warzyw: Ch. Baum i in., *Increasing the productivity and product quality...* Scientia Horticulturae, 2015, vol. 187, s. 131–141, [online] https://www.researchgate.net/publication/274406746_Increasing_the_productivity_and_product_quality_of_vegetable_crops_using_arbuscular_mycorrhizal_fungi_A_review [dostęp 07.01.2018].
Wpływ grzybów mikoryzowych na wzrost plonów: S. Głuszek i in., *Wpływ mikoryzy na wzrost i plonowanie roślin ogrodniczych*, Postępy Nauk Rolniczych, 2008, t. 60, nr 6, s. 11–22, [online] https://www.researchgate.net/profile/Slawomir_Gluszek/publication/284030137_Wplyw_mikoryzy_na_wzrost_i_plonowanie_roslin_ogrodniczych/links/564b335b08ae3374e5dd794a/Wplyw-mikoryzy-na-wzrost-i-plonowanie-roslin-ogrodniczych.pdf [dostęp 07.01.2018].
Informacje na temat wchłaniania metali ciężkich przez węgiel: http://www.ekologia.pl/styl-zycia/zdrowa-zywnosc/uprawa-warzyw-i-owocow-bez-szkodliwego-wplywu-metali-ciezkich,6358.html [dostęp 07.01.2018].
Informacje dotyczące jakości powietrza w danym rejonie: https://airly.eu/pl/ [dostęp 07.01.2018].
O ogrodzie na dachu w Nowym Jorku w dzielnicy Brooklyn Navy Yard: https://www.brooklyngrangefarm.com/navyyard/ [dostęp 07.01.2018].

Przykładowe rośliny

Skala ostrości papryki chili (skala Scoville'a): https://pl.wikipedia.org/wiki/Skala_Scoville%E2%80%99a [dostęp 07.01.2018].
O zawartości związków mineralnych w mikrolistkach brokułów: C.F. Weber, *Broccoli Microgreens: A Mineral-Rich Crop That Can Diversify Food Systems*, Frontiers in Nutrition, 2017, vol. 4: 7, doi: 10.3389/fnut.2017.00007, [online] https://www.ncbi.nlm.nih.gov/pmc/articles/PMC5362588/ [dostęp 07.01.2018].
Porównanie wartości odżywczych w mikrolistkach oraz dojrzałych sałatach: E. Pinto i in., *Comparison between the mineral profile and nitrate content of microgreens and mature lettuces*, Journal of Food Composition and Analysis, 2015, vol. 37, s. 38–43, [online] http://www.sciencedirect.com/science/article/pii/S0889157514001513?via%3Dihub [dostęp 07.01.2018].
Badanie zawartości witamin i karetonoidów w mikrolistkach: Z. Xiao i in., *Assessment of vitamin and carotenoid concentrations of emerging food products: edible microgreens*, Journal of Agricultural and Food Chemistry, 2012, vol. 60, nr 31, s. 7644–7651, [online] https://www.ncbi.nlm.nih.gov/pubmed/22812633 [dostęp 07.01.2018].

Propozycja wykorzystania mikrolistków jako części diety astronautów: M.C. Kyriacou i in., *Microgreens as a Component of Space Life Support Systems: A Cornucopia of Functional Food*, Frontiers in Plant Science, 2017, nr 8, s. 1587, [online] https://www.ncbi.nlm.nih.gov/pmc/articles/PMC5600955/ [dostęp 07.01.2018].

Przyjazny balkon

Wystąpienie Jamiego Olivera w ramach TED talks na temat diety dzieci: https://www.ted.com/talks/jamie_oliver?language=pl [dostęp 07.01.2018].

Raporty WHO (Światowej Organizacji Zdrowia) na temat otyłości u dorosłych oraz u dzieci: http://www.who.int/mediacentre/factsheets/fs311/en/ [dostęp 07.01.2018]; http://www.who.int/end-childhood-obesity/facts/en/ [dostęp 07.01.2018].

Raport UNICEF zawierający między innymi informacje na temat otyłości u dzieci: https://www.unicef.pl/Co-robimy/Publikacje/Warunki-i-jakosc-zycia-dzieci-w-krajach-rozwinietych [dostęp 07.01.2018].

Bardzo wyczerpująca lista roślin toksycznych dla zwierząt: https://www.aspca.org/pet-care/animal-poison-control/toxic-and-non-toxic-plants [dostęp 07.01.2018].

Polski Instytut Badawczy Permakultury: http://transformacja.org/projekty/rusza-polski-instytut-badawczy-permakultury/ [dostęp 07.01.2018] www.facebook.com/PermakulturaInstPolska/ [dostęp 07.01.2018].

Zdjęcia balkonowych upraw Łukasza Nowackiego: http://transformacja.org/realizacje/otwarty-system-ogrodnictwa-miejskiego-permakulturowy-ogrod-na-balkonie-2/ [dostęp 07.01.2018].

Inne źródła

J. Harrison, *The essential allotment guide. How to get the best out of your plot*, St Albans 2009.

M. Guerra, *Jadalne rośliny w pojemnikach*, Warszawa 2001.

V. Gradwell, i in., *Ogród naturalnie i tradycyjnie*, Warszawa 2008.

W. Hensel, *ABC ogrodnictwa*, Warszawa 2011.

L. Bremness, *Wielka księga ziół*, Warszawa 1991.

Przydatne informacje: https://poradnikogrodniczy.pl/

Źródło przepisów na preparaty roślinne

https://pl.wikibooks.org/wiki/Ekoogrodnictwo/Ochrona_ro%C5%9Blin/Preparaty_ro%C5%9Blinne [CC Creative Commons]